Marcel Viëtor

EUROPA UND DIE FRAGE
NACH SEINEN GRENZEN IM OSTEN

Zur Konstruktion ‚europäischer Identität'
in Geschichte und Gegenwart

Mit einem Vorwort von Albrecht Lehmann

ibidem-Verlag
Stuttgart

Bibliografische Information der Deutschen Nationalbibliothek
Die Deutsche Nationalbibliothek verzeichnet diese Publikation in der
Deutschen Nationalbibliografie; detaillierte bibliografische Daten sind im
Internet über http://dnb.d-nb.de abrufbar.

Bibliographic information published by the Deutsche Nationalbibliothek
Die Deutsche Nationalbibliothek lists this publication in the Deutsche Nationalbibliografie;
detailed bibliographic data are available in the Internet at http://dnb.d-nb.de.

Titelbild: „Die Ostgrenze Europas gegen Asien". Mit freundlicher Genehmigung von © Hans-Dietrich Schultz.
URL: http://www.deuframat.de/parser/parser.php?file=/deuframat/deutsch/1/1_2/schultz/kap_23.htm

∞

Gedruckt auf alterungsbeständigem, säurefreien Papier
Printed on acid-free paper

ISSN: 1614-3515

ISBN-10: 3-8382-0045-4
ISBN-13: 978-3-8382-0045-3

© *ibidem*-Verlag
Stuttgart 2010

Printed in Germany

Nur kurz vermochten Gorbi-Euphorie und romantische Demokratisierungs-
erwartungen alte Ostängste zu überdecken – dann generierten Mauerfall und
Grenzöffnungen eine neue Furcht: vor zunehmender parakrimineller Verostung des Westens mit Russland als unkalkulierbarem Treibsatz.

Mettke (2006)

Je idyllischer das mitteleuropäische Szenarium ausgemalt wird, um so deut-
licher wird das Schnauben von Dschingis-Chans Streitrossen hinter dem Bug
vernehmbar.

Jaworski (1988:549)

Central Europe takes all the *Dichter und Denker*,
Eastern Europe is left with the *Richter und Henker*.

Ash (1989:166)

European space becomes *re*-territorialized in ways that deeply affect people's
everyday lives. What is considered as European increasingly takes on the
illusion of an Imagined Community, and as such constantly seeks to be
anchored to a place of safety. European territoriality becomes re-inscribed at
the very point where it threatens to be erased. That is why place has become
such a critical issue in today's discussion of what European identities could
be about. That is precisely why places have to be seen in the making.

Frykman/Niedermüller (2002:3)

5

Soviet and Post-Soviet Politics and Society (SPPS)   Vol. 93
ISSN 1614-3515

General Editor: Andreas Umland, *The Catholic University of Eichstaett-Ingolstadt,* umland@stanfordalumni.org

Editorial Assistant: Olena Sivuda, *Dragomanov Pedagogical University of Kyiv,* SLS6255@ku-eichstaett.de

Soviet and Post-Soviet Politics and Society (SPPS)

ISSN 1614-3515

Founded in 2004 and refereed since 2007, SPPS makes available affordable English-, German- and Russian-language studies on the history of the countries of the former Soviet bloc from the late Tsarist period to today. It publishes approximately 15-20 volumes per year, and focuses on issues in transitions to and from democracy such as economic crisis, identity formation, civil society development, and constitutional reform in CEE and the NIS. SPPS also aims to highlight so far understudied themes in East European studies such as right-wing radicalism, religious life, higher education, or human rights protection. The authors and titles of all previously published manuscripts are listed at the end of this book. For a full description of the series and reviews of its books, see www.ibidem-verlag.de/red/spps.

Note for authors (as of 2009): After successful review, fully formatted and carefully edited electronic master copies of up to 250 pages will be published as b/w A5 paperbacks and marketed in Germany (e.g. vlb.de, buchkatalog.de, amazon.de) and internationally (e.g. amazon. com). For longer books, formatting/editorial assistance, different binding, oversize maps, coloured illustrations and other special arrangements, authors' fees between €100 and €1500 apply. Publication of German doctoral dissertations follows a separate procedure. Authors are asked to provide a high-quality electronic picture on the object of their study for the book's front-cover. Younger authors may add a foreword from an established scholar. Monograph authors and collected volume editors receive two free as well as further copies for a reduced authors' price, and will be asked to contribute to marketing their book as well as finding reviewers and review journals for them. These conditions are subject to yearly review, and to be modified, in the future. Further details at www.ibidem-verlag.de/red/spps-authors.

Editorial correspondence & manuscripts should, until 2011, be sent to: Dr. Andreas Umland, ZIMOS, Ostenstr. 27, 85072 Eichstätt, Germany; e-mail: umland@stanfordalumni.org

Business correspondence & review copy requests should be sent to: *ibidem*-Verlag, Julius-Leber-Weg 11, D-30457 Hannover, Germany; tel.: +49(0)511-2622200; fax: +49(0)511-2622201; spps@ibidem-verlag.de.

Book orders & payments should be made via the publisher's electronic book shop at: www.ibidem-verlag.de/red/SPPS_EN/

Authors, reviewers, referees, and editors for (as well as all other persons sympathetic to) SPPS are invited to join its networks at www.facebook.com/group.php?gid=52638198614 www.linkedin.com/groups?about=&gid=103012 www.xing.com/net/spps-ibidem-verlag/

Recent Volumes

Inhalt

Teil V

Redaktionelle Hinweise:

Die Transliteration kyrillischer Buchstaben erfolgt nach DIN 1460:1982, der deutschen Adaption von ISO/R 9:1968.

Hervorhebungen entstammen, wenn nicht anders angegeben, dem Original.

Abstract in English

Europe and Its Boundaries in the East
The Construction of 'European Identity' in Past and Present

Abstract:

Seemingly self-evident imaginations of Europe and 'European identity' have far-ranging effects on people's everyday lives and consciousnesses as well as on socially and politically relevant issues. Membership in the European Union, too, depends on the recognition of a country's 'European identity'.

The imagination of Europe mostly occurs by differentiating between a European 'Self' and non-European 'Others' in the East. Therefore, the author of this book studies, from a cultural and historical point of view, narrations of the relation between Europe and Russia, as well as between Central and Eastern Europe. He analyses several differentiating features—religion, culture and development, ethnicity, geography, and political interest—which enable the drawing of a variety of Eastern boundaries of Europe. Analysis reveals how mostly negative valuations of the 'Other' and alienation from it are used, in interplay between inclusion and exclusion, in order to construct Europe as a community.

As a result, it becomes apparent that a deeper integration within the EU is not possible without stronger and valuing discrimination against those outside of the EU's borders. Those who advocate deeper integration must also accept paying this price. Abandoning the strife for a specifically *'European* identity', an imaginable alternative could consist of a variety of overlapping small-scale spaces instead of a fixed Eastern border. In addition, it seems necessary to disconnect the perspective for EU membership from the question of a country's 'European identity'.

The author:

Marcel Viëtor studied 'Volkskunde' (Socio-Cultural Anthropology), East European Studies and Public Law at Universität Hamburg as well as International Relations at cooperating universities in Berlin/Potsdam and Moscow. He received a scholarship from the German National Academic Foundation and interned, inter alia, at the European Commission's delegation to Moscow. Since January 2009, he has been resident fellow at the Berlin-based German Council on Foreign Relations (DGAP) and Head of its "Foreign Energy Policy" programme. He is the author of *Russian Foreign Policy between Security and Economics: Exporting Gas and Arms to Belarus and China 1990-2008* (LIT 2009), and co-editor of *Osteuropa heute: Entwicklungen – Gemeinsamkeiten – Unterschiede* (LIT 2007).

The foreword author:

Dr. Albrecht Lehmann is professor emeritus for 'Volkskunde' (Socio-Cultural Anthropology) at the Universität Hamburg.

Vorwort

Das seit dem 18. Jahrhundert entstehende, im 19. Jahrhundert als Teil der Germanistik geführte Universitäts-Fachgebiet Volkskunde hat sich inzwischen vielfach in Skandinavien, Deutschland und Österreich unter dem Namen Europäische Ethnologie zu einer historisch und empirisch orientierten Kultur- und Sozialwissenschaft entwickelt. Es gehört für die meisten Angehörigen des Forschungspersonals zum Selbstverständnis, dass diese Disziplin eine Wissenschaft vom Menschen ist, die sich in ihren Untersuchungen primär auf die Alltagswelt und Kultur in den industrialisierten Gesellschaften Europas konzentriert. Ein weit abgestecktes Forschungsfeld; denn es gilt sowohl dem gegenwärtigen als auch dem historischen Alltag, das heißt der Beschreibung und Analyse des vorgeblich Selbstverständlichen.

Solange dieses Fach sich noch traditionell auf die übersichtlichen regionalen und nationalen kulturellen Formen und Sonderungen in Europa beschränkte, war das Forschungsfeld für historische, geographische und sozialwissenschaftliche Forschungen leicht einzugrenzen. Die gegenwärtig notwendigen Erweiterungen des Forschungsrahmens haben nun zu Studien über diverse Formen des Arbeits- und Freizeitlebens in Europa geführt, zur Untersuchung von Wandlungsprozessen der Sachkultur und des Technikgebrauchs, zur kulturwissenschaftlichen Gedächtnis- und Erzählforschung, zu Migrationsstudien und Arbeiten zur interkulturellen Kommunikation. Die empirische Arbeit zu diesen Fragen wird erfolgreich in internationalen Projekten geleistet. Das geschieht meistens komparatistisch im Muster des Ländervergleichs.

Ein Manko ist dabei augenfällig: Selten wird Europa als Ganzes in die Forschungsperspektive eingeschlossen. Stattdessen wird unbefragt vorausgesetzt, es ließe sich in der sozialen Realität so etwas wie ein typisierbares europäisches Denken feststellen. Zu diesem ethnologischen Denkmuster gehöre es, einen geographisch vorgegebenen Weltteil Europa zugleich als kulturelle Einheit zu imaginieren. Europa bilde als Vorstellung in den Köpfen der

Europäer den Horizont eines „kulturellen Bewusstseins". Die entscheidenden Fragen werden von dieser Europawissenschaft nur zögerlich gestellt. Sie lauten: Gibt es überhaupt eine die Ländergrenzen übergreifende europäische Gesellschaft und Kultur? Muss man bei einer Definition eines Europabewusstseins vielleicht den Kulturbegriff aus seinen territorialen Grenzen lösen, ihn entstaatlichen? – Das heißt vor allem von den nationalhistorischen Erfahrungen und politischen Einzelinteressen befreien. Solange das nicht geschieht, bleibt Europa eine von Wissenschaftlern und politischen Institutionen gestiftete Einheit. Es muss also für eine volkskundliche und ethnologische Kulturwissenschaft darauf ankommen, solch edle universalistische Wunschbilder aus Politik und Wissenschaft – Europavorstellungen „von oben" – mit den Denkgewohnheiten der Bevölkerung abzugleichen; herauszufinden, ob sich in den Narrativen des Alltags die von der Wissenschaft unterstellten gemeinsamen Europaerfahrungen bereits Gehör verschaffen und welche Kriterien und Gedanken dabei den Rahmen einer „Europaerzählung" bilden. Anders als die Gemeinschaft Europas haben ja fast alle Nationalstaaten ihre großen Erzählungen, meistens Geschichten von Kriegen. Narrative dieses Charakters führen uns vor Augen, dass die geographische Lage und die historischen Erfahrungen für die Bewohner immer auch ein Stückweit Schicksal sind. Die in Familien und unter Bekannten kursierenden Alltagserzählungen der Bevölkerung über Europa, das verbreitete Epochenbewusstsein, wartet auf seine wissenschaftliche Entdeckung. Gehört Europa als Einheit wirklich zu den gegebenen Selbstverständlichkeiten seiner Bewohner?

Marcel Viëtor hat mit seiner Arbeit über die Frage nach Europas Grenzen im Osten wichtige theoretische Grundlagen für eine aktuelle, am Bewusstsein der Bevölkerung orientierte Ethnologie Europas aufgezeigt. Im Mittelpunkt seiner Arbeit steht die Analyse der Konstruktion „europäischer Identität" anhand von mehr oder weniger verbindlichen, wissenschaftlich oder politisch sanktionierten Europabildern. Diese entstammen publizierten Schriften – „Narrationen" –, die Europa aufgrund von Sprache, Religion, territorialer Lage, der Vielfalt von Ethnien und kulturellen Überlieferungen als eine Einheit imaginieren und konstruieren. Dabei betrachtet der Autor in minutiöser Analyse historische und zeitgenössische Vorstellungsbilder über das Verhältnis von Europa und Russland sowie das von Mittel- und Osteuropa. Unter anderem wird auch die seit Jahrhunderten diskutierte, bis heute politisch, kulturell und ökonomisch gravierende Frage kenntnisreich und systematisch auf der Grundlage historischer und politischer Schriften erörtert: Wird Russland als Teil Europas gesehen oder bildet es eine eigenartige, in sich geschlossene Welt? Gehört es dazu oder ist es nicht zu groß für einen Platz innerhalb des Europas der diversen Klein- und Mittelstaaten? In diesem Kontext diskutiert Marcel Viëtor in Kenntnis russischer Quellen auch die dort einflussreichen und für die Gesamtheit Europas folgenreichen Narrationen zwischen den Westlern, die Russland als Teil Europas auffassten, und den „Slawophilen", die das Land geographisch und kulturell im mutmaßlichen Zustand seiner Überlegenheit erhalten und zur Führungsmacht vorantreiben wollten. Auffassungen, die ihre politische Dynamik bis in die Gegenwart erkennen lassen.

Allen Narrationen dieses Typs aus unterschiedlichen Nationen und Epochen gehen kulturalistische Vorstellungen voraus. Es sind Vorstellungsbilder, die von unterschiedlichen Höhenlagen des Kulturniveaus zwischen den Nationen ausgehen. Sie sehen Kultur nicht prozesshaft, sondern statisch. Ein West-Ost-Gefälle wird meist von beiden Seiten als schwer überwindbar vorausgesetzt. Es bleibt die Feststellung, dass solche Bewertungsstrategien sich weder in der politischen noch in der kulturwissenschaftlichen Diskussion völlig vermeiden lassen. Angesichts dieser Ausgangslage ist es dem Verfasser in überzeugender Weise gelungen, die vielen differierenden, meist kontroversen Europabilder zu referieren und in minutiösen Analysen gegeneinander abzugrenzen.

Es ist zu wünschen, dass diese Schrift zur längst fälligen gemeinsamen Diskussion über Europa, über Grenzen und Zukunftsvorstellungen zwischen der Europäischen Ethnologie und den anderen „Europawissenschaften" beitragen kann, vor allem mit der politischen Wissenschaft und der Geschichte.

Albrecht Lehmann
Hamburg im Oktober 2009

15

Teil I

1 Europas Grenzen – Annäherungen

1.1 Auf der Suche nach ‚europäischer Identität' – einführende Zusammenfassung

Der vieldeutige Begriff ‚Europa' und das seit der Antike im Laufe der Jahrhunderte akkumulierte Panorama der mit ihm verbundenen Vorstellungen besitzen auch zu Beginn des 21. Jahrhunderts noch große Aktualität. Anerkannte Europäer, solche, die es sein wollen, ebenso wie entschiedene Nicht-Europäer diskutieren die drei klassischen Fragen – Wer bin ich? Woher komme ich? Wohin gehe ich? – auch in Bezug auf Europa: Was ist Europa? Wodurch ist Europa? Wie wird Europa sich weiter entwickeln?

Auf der Suche nach dem Selbst, nach einer ‚europäischen Identität', versuchen sie auch dadurch Antworten zu finden, dass sie nach Europas Grenzen gegenüber Nicht-Europa Ausschau halten. Dieses Suchen hat in den letzten Jahrzehnten besonders durch das Projekt der Europäischen Union (EU) – deren zukünftige Außengrenzen nach einer Reihe von Erweiterungsrunden nun zur Diskussion stehen, ohne dass eine Aussicht auf eine Einigung in dieser Frage zu erkennen wäre – an Bedeutung gewonnen und auch in jüngerer Zeit durch zwei Vorgänge neue Impulse erhalten: Zum einen begehren seit der ‚Rosenrevolution' in Georgien (November 2003) und der ‚Orangenen Revolution' in der Ukraine (Dezember 2004) Staaten um Aufnahme in die Europäischen Union, mit deren Anspruch auf Zugehörigkeit zu Europa man sich in den EU-Staaten zuvor kaum ernsthaft auseinandergesetzt hatte.[1] Zum zwei-

---

Diese Arbeit stellt die überarbeitete Fassung meiner 2006 am Volkskunde-Institut der Universität Hamburg eingereichten Magisterarbeit dar. Bedanken möchte ich mich bei meinen beiden dortigen Betreuern Prof. Dr. Albrecht Lehmann und Prof. Dr. Thomas Hengartner, bei Dr. Dr. Andreas Umland und zwei anonymen Gutachtern von der SPPS-Reihe, sowie

ten hat durch die Ablehnung des Europäischen Verfassungsvertrages in den französischen und niederländischen Referenden (Mai/Juni 2005) sowie die Ablehnung des Vertrags von Lissabon im irischen Referendum (Juni 2008) das Modell einer prozessualen Identifikation mit Europa über einen Verfassungspatriotismus à la Habermas Rückschläge erlitten. Durch das Scheitern dieses großen, nach innen gerichteten Integrationsvorhabens gewinnen auf der Suche nach Identität nun wieder Abgrenzungsaspekte nach außen an Bedeutung.[2]

Bei der Suche nach den Grenzen Europas können allerdings viele verschiedene Grenzen gefunden werden, und die Ausdehnung Europas festzulegen, ist daher alles andere als eindeutig – generell[3] nicht und am wenigsten im Osten.[4] Europa wird deshalb in der vorliegenden Arbeit als narratives Konstrukt aufgefasst, das auf verschiedene Weisen nach innen zusammengehal-

---

bei Anna Biemüller, Jule Böhmer, Anja Gargulla, Christina Hebel, Susanne Hüners, Markus Schneider und bei meinen Eltern Uli und Axel Viëtor für ihre Hinweise und Unterstützung. Für eventuelle Fehler trage natürlich ich alleine die Verantwortung. M.V.

1 Im Gegensatz dazu findet über das Verhältnis der Türkei zu Europa – von Verheugen (2004:9) anlässlich der bevorstehenden Osterweiterung der EU als „ein schwieriges, ein kontroverses, ein mehr und mehr auch emotional besetztes Thema" bezeichnet – bereits seit längerem eine deutlich breitere Diskussion statt. Vgl. hierzu Leggewie (2004), Giannakopoulos/Maras (2005) und Carnevale/Ihrig/Weiß (2005).

2 So werden zum Beispiel potenzielle Erweiterungen der Europäischen Union generell in Frage gestellt – nicht nur, weil die Union technisch an die Grenzen ihrer Aufnahmefähigkeiten geraten sei, sondern vielmehr, da sie größtenteils mit einem historischen, kulturellen, religiösen oder auf andere Art charakterisierten Europa bereits geographisch deckungsgleich wäre.

3 Vgl. die Ausführungen von Neumann (1998:400) über das inkonsequente Verhalten der EU gegenüber Marokko: Eine Mitgliedschaft wurde dem Land 1986 verwehrt, da Marokko nicht europäisch sei, hingegen existiere eine Mittelmeerregion aufgrund einer gemeinsamen, verbindenden Geschichte.

4 In der vorliegenden Arbeit erfolgt eine Auseinandersetzung mit der Frage nach den Grenzen Europas *im Osten*, da Europa in dieser Himmelsrichtung vergleichsweise ausführlich, vehement und argumentativ anspruchsvoll abgegrenzt wurde und wird. Dies ist wohl deshalb gegenüber der Landmasse im Osten der Fall, da die Meere in den anderen drei Himmelsrichtungen mental leichter als Barrieren vorgestellt werden können. – Die Vorstellung, dass Meere den Kontakt zwischen Menschen erschweren und somit das Abgrenzungsbedürfnis verringern würden, überwiegt anscheinend gegenüber dem Umstand, dass etwa zur Zeit des Römischen Reiches gerade das Mittelmeer den regen Verkehr von Ufer zu Ufer ermöglichte und die interkulturellen Kontakte erhöhte. Ebenso wird die Ostsee in den letzten Jahren insbesondere in EU-Projekten als gemeinsamer Raum postuliert.

ten und nach außen abgegrenzt werden kann. Ein Ziel der Arbeit ist es zu zeigen, dass Europa nur scheinbar selbstverständlich *ist*, und dass Europa stattdessen abhängig von den jeweils gewählten Unterscheidungsmerkmalen ganz unterschiedlich *sein kann*. Zudem wird festgestellt, wie Grenzziehungen zu Unterscheidungen und Antagonisierungen des ‚Selbst' vom ‚Anderen' führen, und wie das Fest-Legen der Grenzen Distanzierung vom Anderen fördert, die mit nicht-positiven Wertungen gegenüber diesem Anderen verbunden sind. Darum werden Bemühungen einer Fest-Legung der Grenzen (EU-) Europas sowie einer mit der Abgrenzung Europas fest verbundenen Bewusstmachung ‚europäischer Identität' in Frage gestellt.

Ein weiteres Ergebnis der Arbeit ist, dass kein Unterscheidungsmerkmal identifiziert werden kann, das zu einer überzeugenden Grenzziehung um Europa taugt. Deshalb wird alternativ zur (‚endgültigen') Fest-Legung von Grenzen eine Vorstellung von sich überlappenden und kleinstufig ineinander übergehenden Räumen vorgeschlagen, wobei allerdings die Idee der Herausbildung und Bewusstmachung einer *europäischen* Gemeinschaft und einer *‚europäischen* Identität' in einer solchen Konzeption aufgegeben werden müsste. Zudem ist zu überdenken, die Frage nach der Mitgliedschaft in der EU von der Frage nach ‚europäischer Identität' zu lösen.[5] Würde eine Mitgliedschaft alleine von technischen Kriterien, wie sie etwa in den wirtschaftlichen, politischen und rechtlichen Kopenhagener Kriterien[6] ausgedrückt sind, von der institutionellen ‚Aufnahmefähigkeit' sowie vom politischen Willen in den Mitgliedstaaten abhängen, verlören die Anerkennung von Europäizität und die damit verbundene Abgrenzung gegenüber Nicht-Europa an Brisanz.

---

5   Momentan kann, wenn er die politischen, wirtschaftlichen und juristischen, so genannten Kopenhagener Kriterien erfüllt, grundsätzlich „[j]eder europäische Staat [...] beantragen, Mitglied der Union zu werden" (Europäische Union (2006:34)). Das heißt wiederum, dass nicht-europäische Staaten nicht aufgenommen werden. Die 2004/2007 beigetretenen Staaten haben den Beitritt nicht nur der Erfüllung der technischen Kopenhagener Kriterien zu verdanken sondern auch der erfolgreichen Behauptung ihrer ‚Europäizität'.

6   Der Europäische Rat beschloss 1993 auf seinem Treffen in Kopenhagen, dass Beitrittskandidaten der EU vor ihrem Beitritt bestimmte politische und wirtschaftliche Kriterien (dazu gehören unter anderem institutionelle Stabilität, Menschen- und Minderheitenrechte sowie marktwirtschaftliche Prinzipien) erfüllt und die nationalen Gesetze an den juristischen Besitzstand des ‚acquis communautaire' angepasst haben müssen.

Um zu Anfang der Arbeit weiter in die Thematik einzuführen, soll im Folgenden als ein Überblick zunächst anhand einiger Beispiele umrissen und illustriert werden, wie mehrdeutig der Begriff (und dadurch auch das Gebiet) ‚Europa' ist (Kapitel 1.2). Im Anschluss wird ausgeführt, welche Relevanz das Thema gesellschaftlich und für die volkskundlich-kulturwissenschaftliche Forschung besitzt,[7] welche Ziele in dieser Arbeit verfolgt werden, und wie die Arbeit aufgebaut ist (Kapitel 1.3).

1.2 Grenzen im Osten – ein Überblick

Die allgemein wohl bekannteste Grenze im Osten ist das Ural-Gebirge und in Verbindung mit diesem der Kaukasus. Diese Gebirge seien Europas natürliche, da geographische und somit objektive Grenze, wird in Schulbüchern gelehrt.[8] Doch selbst in diesen ist man sich über den genauen Verlauf dieser Grenze keineswegs sicher.[9] So besteht Uneinigkeit darüber, ob sie auf der einen oder der anderen Seite des Gebirgssockels oder aber auf dem Grat verläuft.[10] Es gibt des Weiteren mehrere Varianten, wie die beiden Gebirge, vor allem durch eine Kombination verschiedener Wasserwege, miteinander verbunden werden können.[11] Schließlich ist es nicht einmal allgemein aner-

---

7   Der vorliegende Text ist als volkskundlich-kulturwissenschaftliche Arbeit entstanden. Er bietet aber auch über die Fachgrenzen hinaus Anknüpfungspunkte und Verbindungslinien zu anderen Fächern, etwa zur Geschichtswissenschaft, den Sozialwissenschaften und den auf Europa und Osteuropa bezogenen *Area Studies*. Während ich es die volkskundlich-kulturwissenschaftliche Forschung als lohnenswert betrachte, Ansätze aus anderen Fächern in die Diskussion einzubringen, sehe ich es durch diese Publikation zugleich als Mehrwert an, volkskundlich-kulturwissenschaftliche Perspektiven auch über die Fachgrenzen hinaus (vor allem einem ‚osteuropawissenschaftlichen Leserkreis') zur Diskussion zu stellen.

8   Auch der berühmte Ausspruch von Charles de Gaulle von einem „Europa vom Atlantik bis zum Ural" wird mit Bezug auf diese „Schulweisheit" begründet bzw. als „Schulbuch-Geographie" abgetan (Burin des Roziers (2005) und Schmidt (2000)).

9   Schultz (2003:232-235).

10 Dies ist zum Beispiel dann von Bedeutung, wenn es darum geht, ob die drei Kaukasusrepubliken Armenien, Aserbaidschan und Georgien zu Europa zu zählen sind.

11 Angeführt wird häufig das Kaspische Meer in Verbindung mit dem Ural-Fluss. Statt des Ural-Flusses empfahlen die Geographische Gesellschaft der Sowjetunion sowie ein Expertenteam des Europarates hingegen die weiter östlich fließende Emba. Einige weitere Varianten sind die Kuban-Terek-Linie, die Wolga-Höhen oder die Manyč-Niederung. Vgl. ausführlich Parker (1960:286) und Schultz (2003:227).

kannt, dass Europa überhaupt an den Mauern irgendwelcher Gebirge ende.[12]
Die ganze Bandbreite vermeintlich objektiver geographischer Grenzziehungen ist auf Abbildung 1 zu sehen.[13]

Wird Europa nicht als geographische Größe, sondern unter sozialsystemaren Vorzeichen betrachtet, kann man zu einer deutlich anderen Ausdehnung gelangen, wie auf Abbildung 2 erkennbar ist. Hier wird Osteuropa als Bezeichnung für die ehemalige sozialistische, für die ‚Zweite Welt' gebraucht. Osteuropa (und, folgt man der Logik der Bezeichnung, somit auch Europa als Ganzes)[14] reicht in dieser Vorstellung bis an den Pazifik – und man kann sich nur fragen, zu welchem Erdteil Alaska in dieser Weltaufteilung gerechnet werden würde, wäre es nicht bereits vor der sozialistischen Oktoberrevolution von Russland an die Vereinigten Staaten von Amerika verkauft worden. Die Zeit der Aufteilung Europas und der Welt in einen Ost- und einen Westblock scheint zwei Jahrzehnte nach dem Fall des Eisernen Vorhangs schon lange Vergangenheit zu sein. Doch Reste dieses bipolaren Denkschemas und der Gleichsetzung Osteuropas mit den ehemals sozialistischen Staaten finden sich noch heute,[15] insbesondere auch in den universitären *Area Studies*.[16]

Mit viel direkteren Auswirkungen auf das alltägliche Leben von Menschen als durch Schulbuchkonzeptionen oder Forschungskongresse wird in den letzten

---

12   Es scheint sich die aus dem antiken Griechenland stammende Idealvorstellung von Kontinenten zu halten, dass sie von Wasser umflossene Landmassen seien. Diese steht dem weithin akzeptierten Vorschlag entgegen, das Ural-Gebirge als Grenze Europas zu sehen. So wird etwa versucht, eine Verbindung zwischen Schwarzem und Weißem Meer über Flüsse wie Dnjestr, Dnjepr oder Don herzustellen, auch Ob' und Jenissej in Sibirien werden genannt (vgl. Abbildung 1).

13   Die Abbildungen befinden sich am Ende der vorliegenden Arbeit auf den Seiten 131-138.

14   Daneben existiert auch die gegensätzliche Ansicht, dass Osteuropa gar nicht zu Europa gehöre, sondern ein Nicht-Europa außerhalb des ‚eigentlichen' und ‚wahren' (West-) Europa darstelle (vgl. Jahn (1990:419)).

15   Auch die Zugehörigkeit der Türkei, der USA und Kanadas zum heutigen OSZE-Europa lassen sich aus ihrer Mitgliedschaft im zu Zeiten des Kalten Krieges zwischen Ost und West entstandenen westlichen Militärbündnis der NATO erklären.

16   So standen beispielsweise beim Weltkongress der Osteuropaforschung, der 2005 in Berlin in Anlehnung an ein Zitat Michail Gorbačëvs unter dem Titel „Europe – Our common Home?" stattfand, auch Veranstaltungen zu den ehemaligen Sowjetrepubliken in Zentralasien auf dem Programm (International Council for Central and East European Studies (2005)).

Jahren an einer politischen Grenzziehung um Europa gearbeitet. Diese ist von besonderer Relevanz, da sie nicht nur in den Höhen philosophischer und wissenschaftlicher Elfenbeintürme entsteht, sondern auch auf dem Parkett der nationalen wie übernationalen Entscheidungsträger aus Politik, Diplomatie und Bürokratie Verwendung findet.[17] Die möglichen Antworten darauf, was Europa ist und wer schon nicht mehr zu Europa gehört, sind vor allem durch die Verhandlungen über die sogenannte Osterweiterung der Europäischen Union bedeutsam geworden, die als „Rückkehr nach Europa" gefeiert wurde und dafür sorgte, dass „Europa Wirklichkeit wird"[18]. Sie bleiben auch bedeutsam im Vorfeld potenzieller zukünftiger Erweiterungsrunden: für diejenigen, die, als ‚Nachbarschaftspartner' abgespeist, draußen vor den Toren der vielfach beschworenen ‚Festung Europa' im „Vorhof zum Paradies"[19] verbleiben sollen;[20] ebenso für diejenigen, die als Beitrittskandidaten gute Aussichten haben, einmal Teil der europäischen Gemeinschaft zu sein;[21] und schließlich auch für die bereits etablierten Mitglieder (vgl. Abbildung 3).[22]

---

17   Vgl. die Argumentation von Lewis/Wigen (1997:xiii) für Einfluss und Bedeutsamkeit metageographischer Konzepte: „We [...] argue that such notions [the myth of continents, the myth of the nation-state, the myth of East and West, and the myth of geographical concordance] survive not merely as naive ‚mistakes,' but often as instruments of ideological power. Diplomats, politicians, and military strategists employ a metageographical framework no less than do scholars and journalists. Such political actors have also had a far larger role in formulating global constructs for the public imagination than scholars have cared to recognize."
18   Schlögel (2002b:249).
19   Die Staaten, die sich in Nachbarschaft zur EU befinden und mit ihr durch Stabilisierungs-, Assoziierungs-, Partnerschafts- und Kooperationsabkommen verbunden sind, werden in einer im Spiegel veröffentlichten Europakarte unter dieser Überschrift im „Vorhof zum Paradies" verortet (Der Spiegel (2004a:32)).
20   In Georgien zum Beispiel, wo der politische Wille besteht, in das Europa der Europäischen Union integriert zu werden, wird nicht nur die Transformation der staatlichen Institutionen und Ökonomie sowie die Übernahme von EU-Standards postuliert. Georgien bekundet sein Interesse an einer Mitgliedschaft in der EU auch durch die Betonung seines griechisch-antiken Erbes sowie seiner Zugehörigkeit zu einem christlich-europäischen Kulturraum: In Georgien ist das Christentum seit dem 4. Jahrhundert Staatsreligion, es ist somit historisch nach Armenien der zweite christliche Staat. Georgien gehörte zudem in der Antike zum griechischen Kulturkreis, so raubte der Legende nach Jason hier das Goldene Vlies, und Prometheus, der den Menschen das Feuer brachte, wurde hier an einen Berg des Kaukasus gekettet.
21   Wo die EU-Außengrenze in absehbarer Zeit verlaufen wird, wirft sie schon im Voraus Schatten auf das Grenzregime der Europäischen Union. Als der Beitritt Rumä-

1.3   Die Frage nach den Grenzen – zum Ansatz dieser Arbeit

Somit ist die Frage nach den Grenzen Europas nicht nur theoretische Spielerei. Das Prädikat ‚europäisch' ist, wenn es um Abgrenzungen geht, von großer praktischer Bedeutung, und dies umso stärker, je mehr der Begriff ‚Europa' mit der Europäischen Union verbunden und gleichgesetzt wird. Für die Staaten außerhalb der Europäischen Union und ihre Bewohner, die ihre Zukunft auf eine angestrebte Mitgliedschaft in der EU auf Grundlage einer vorgestellten Zugehörigkeit zu Europa aufbauen, wird die Anerkennung dieser „Europäizität"[23] zur „Schicksalsfrage"[24]. Nicht nur verändern sich ganze Gesellschaften und Volkswirtschaften durch ihre Transformation und Ausrichtung auf die Europäische Union. Auch das konkrete Leben der Menschen am Rande der EU sowie ihr Umgang mit der Grenze im Gebiet zwischen EU-Europa und Nicht-EU-Europa wandeln sich; alte Verbindungen werden dabei abgeschnitten, neue Handlungs- und Deutungsmuster entwickeln sich.

Darüber hinaus beeinflusst das Fest-Legen einer Grenze um die Europäische Union auch die Wahrnehmung der Menschen in und außerhalb der EU. Durch die Abtrennung nach außen wird zugleich eine Integration nach innen betrieben, durch die Konstruktion von Nicht-(EU-)Europa die Schaffung einer ‚europäischen Identität'. So sehr die Herausbildung einer ‚europäischen Identität' einerseits zu begrüßen ist, wenn man sie als Überwindung oft gewaltsamer, zwischennationaler Differenzen oder als Ventil für innerstaatliche Ge-

---

niens bereits feststand, mussten moldauische Staatsbürger – die Republik Moldau ist mehrheitlich von ethnischen Rumänen bewohnt – wenn sie die Grenze nach Rumänien passieren und Besuche auf der anderen Seite erledigen wollen, seit September 2005 die relativ hohe Summe von mindestens 500 Euro in bar mit sich führen. Das entspricht in etwa dem jährlichen Durchschnittseinkommen, das damals laut offiziellen Angaben bei ca. 515 Euro lag (Botschaft Moldau (2006)).

22   Entlang der polnischen Ostgrenze beispielsweise kann man beobachten, wie sich der ‚Festungsbau' auf die Landschaft ebenso auswirkt wie auf den Umgang der Menschen miteinander: In der schwer kontrollierbaren Bergregion im Südosten Polens wird mit EU-Mitteln eine Vielzahl neuer, immer gleich gestalteter Stationen für die polnischen Grenzschützer gebaut, die Ausfallstraßen werden durch Kameras überwacht, Autos und Busse kontrolliert, und für zur Ergreifung illegaler Immigranten sachdienliche Hinweise wird der polnischen Bevölkerung eine Belohnung von umgerechnet 25 Euro gezahlt (Hebel (2006)).

23   Troebst (2005) verweist zum Beispiel auf die Infragestellung der „Europäizität Ostmitteleuropas".

24   Bach (2000:25).

gensätze in Form eines Europas der Regionen begreift, so ist andererseits dabei im Blick zu behalten, dass mit dieser Integration nach innen eben auch der Aufbau von Gegensätzen nach außen verbunden ist. In der (west-) europäischen Wahrnehmung können diese Gegensätze vom „Schnauben von Dschingis-Chans Streitrossen hinter dem Bug"[25] über die Unterscheidung der mitteleuropäischen „Dichter und Denker" von den osteuropäischen „Richter[n] und Henker[n]"[26] bis hin zu einer „neue[n] Furcht [...] vor zunehmender parakrimineller Verostung des Westens"[27] führen. Somit wird den Staaten, die nicht der Europäischen Union beitreten dürfen, und ihren Bewohnern auch die häufig zu beobachtende Assoziation Europas mit positiven Attributen wie Freiheit oder Fortschrittlichkeit verwehrt. Das Europa der EU kann diesen Staaten und Menschen durch ein Fest-Legen der Grenzen zudem – im Gegensatz zu seinen Beitrittskandidaten, denen immer Stabilität in Frieden und Wohlstand in Aussicht gestellt wurde – keine solchen zukunftsweisenden Perspektiven bieten.

Die Frage nach den Grenzen Europas hat somit weit reichende Auswirkungen auf die alltagsweltlichen Realitäten und das Bewusstsein der Menschen. Hierzu scheint es geboten, gerade aus dem Blickwinkel volkskundlich-kulturwissenschaftlicher Forschung,[28] in deren Fokus der Mensch in seinen schein-

---

25 Jaworski (1988:549). Der (westliche) Bug ist streckenweise Grenzfluss zwischen Polen und der Ukraine.

26 Ash (1989:166); Hervorhebung entfernt, M.V.

27 Mettke (2006). In Abgrenzungen nach Osten werden nicht selten Assoziationen mit Kriminalität geäußert. So sprechen Polizei und Medien von ‚osteuropäischen', nicht aber von ‚mitteleuropäischen', ‚westeuropäischen' oder einfach ‚europäischen' Verbrechern, Prostituierten oder anderen unerwünschten Gruppen.

28 Die vier parallelen und auch in verschiedenen Kombinationen existierenden Fachbezeichnungen ‚Volkskunde', ‚Europäische Ethnologie', ‚Kulturanthropologie' und ‚Empirische Kulturwissenschaft' verstehe ich als unterschiedlich akzentuierte Ausprägungen *eines* Faches – „styles of doing Volkskunde" sagt Johler (2004:62) mit Hinblick auf die Einordnung des Faches in die „ethnologischen ‚tribes' in Europa", was eine passende Wendung zu sein scheint, um die Situation des Fachs im deutschsprachigen Raum zu beschreiben. Was diese Arbeit angeht, spreche ich – aus Gründen der eigenen wissenschaftlichen Sozialisation am Volkskunde-Institut der Universität Hamburg – zumeist von ‚volkskundlich-kulturwissenschaftlicher' Forschung. An anderen Stellen benutze ich, so zum Beispiel in der Auseinandersetzung mit dem Europa- und Fachverständnis von Europäischen Ethnologen, etwa auch ‚Europäische Ethnologie' als gleichwertige Bezeichnung des Faches. Mitunter

baren Selbstverständlichkeiten steht,[29] sich verstärkt mit dieser Thematik auseinanderzusetzen und Stellung zu nehmen. Die Stärke der volkskundlich-kulturwissenschaftlichen Herangehensweise liegt mit Sicherheit in den vielfältigen methodischen Möglichkeiten der Disziplin, insbesondere in ihrer Kompetenz zu qualitativer empirischer Forschung vor Ort in der Lebenswirklichkeit der Menschen. Auf dem Parkett der diese Lebenswirklichkeit zunehmend bestimmenden Entscheidungsträger aus Politik, Diplomatie und Bürokratie wird die Frage jedoch meist nicht lokal und im Einzelfall beantwortet, sondern großflächig und verallgemeinernd durch Auflistungen von Ländernamen und durch die Beschwörung einer ‚europäischen Idee' in Form von Katalogen ausgewählter Gemeinsamkeiten und Unterschiede entlang staatlicher Grenzen. An dieser weniger lokalen, sondern mehr territorialen Betrachtungsweise von Europa will die vorliegende Arbeit ansetzen, dabei aber nicht durch Feldforschung die Auswirkungen der Grenzziehung um Europa untersuchen, sondern sich mit den konzeptionellen Grundlagen, Begründungen und Bedeutungen solcher Grenzziehungen befassen. Denn diese zu kennen und als Hintergrundverständnis zu berücksichtigen, ist gerade auch in der empirischen Auseinandersetzung mit Europa wichtig.[30] Somit besitzt die Aufforderung, dass „places have to be seen in the making"[31], nicht nur Gültigkeit für den empirisch zu erforschenden konkreten Ort, sondern ebenso und gedanklich bereits einen Schritt zuvor für die Untersuchung der konzeptionellen Konstruktion von Räumen und territorialisierten Gemeinschaften.

---

ist dann auch ‚das Fach' die treffendste, da akzentfreie Bezeichnung des Gemeinten.
29   Lehmann (1995).
30   Diese Arbeit verfolgt einen stärker theoretisierenden Ansatz als sonst in der volkskundlich-kulturwissenschaftlichen Forschung üblich, und auch die Entscheidung für historische (nicht aus Feldforschung gewonnene) Textquellen für die empirische Untersuchung lassen die Arbeit für viele Fachvertreter recht abstrakt wirken. Anderen Lesern mögen rein empirische oder rein theoretische Ansätze sinnvoller erscheinen. Meiner Ansicht nach jedoch sind Theorie und Empirie wo möglich zusammenzubringen. Denn auch wenn theoretische und empirische Arbeiten jeweils per se Erkenntnisse gewinnen helfen, so ist es doch erst in der Zusammenschau, dass die Theorie ihre Erklärungskraft an der Empirie unter Beweis stellen kann, und die Empirie durch die Theorie Erklärungskraft bekommt. Mein Anliegen war es deshalb, eine Balance zwischen meinem eigenen Anspruch an Theorie und dem Anspruch an Empirie in der volkskundlich-kulturwissenschaftlichen Forschung zu erreichen.
31   Frykman/Niedermüller (2002:3).

Die vorliegende Arbeit kann jedoch nur einen kleinen Teil dessen leisten, was hinsichtlich des Umgangs mit dem Begriff ‚Europa' und der Frage nach seinen Grenzen getan werden könnte und sollte. Es geht in ihr vor allem um die Untersuchung der Konstruktion ‚europäischer Identität'[32] durch die Abgrenzung eines als Einheit vorgestellten Europa von einem als anders vorgestellten Nicht-Europa. Die Arbeit ist so aufgebaut, dass in ihrem zweiten Teil mit Hilfe aufeinander aufbauender kultur- und sozialwissenschaftlicher Konzepte ein theoretischer Rahmen formuliert wird, anhand dessen Identität durch die Konstruktion von Abgrenzung allgemein erklärt werden kann (Kapitel 3). Auf diese theoretische Erörterung folgt im dritten Teil der Arbeit eine Betrachtung von Textquellen, die als Einheiten und Identitäten konstruierende Narrationen aufgefasst werden (Kapitel 4 bis 7). An diesen Narrationen, die in zwei große Gruppen aufgeteilt betrachtet werden, wird exemplarisch dargestellt, wie das Identität stiftende Wechselspiel von Inklusion und Exklusion funktioniert. Nach einem einführenden Überblick (Kapitel 4) steht in der einen Gruppe das Verhältnis von Europa und Russland im Mittelpunkt (Kapitel 5), in der anderen das Verhältnis von Mittel- und Osteuropa (Kapitel 6), wobei mitunter auch Abgrenzungen gegenüber Westeuropa, Amerika oder dem Westen eine Rolle spielen. An eine zusammenfassende Darstellung (Kapitel 7) schließt im vierten Teil der Arbeit eine Analyse der Narrationen sowie aus ihnen gezogene Schlussfolgerungen an (Kapitel 8 bis 9). Hierzu werden zum einen die ‚Diakritika' genannten Unterscheidungsmerkmale untersucht, anhand derer in den Narrationen Grenzen gezogen werden (Kapitel 8), zum anderen die Abgrenzungen entlang dreier Achsen analysiert (Kapitel 9). Im fünften und letzten Teil der Arbeit werden schließlich die Ergebnisse der Arbeit zunächst noch einmal zusammengefasst, worauf aus der in ihr vorgenommenen Auseinandersetzung mit der Europäischen Union und ‚europäischer Identität' Schlüsse

---

32 Korrekterweise müsste dabei immer von ‚europäischen Identitäten' im Plural gesprochen werden, und dies nicht nur, weil es unterschiedliche Auffassungen über sie gibt, die von verschiedenen Personen mit unterschiedlichem Hintergrund in jeweils anderen Situationen geäußert wurden und werden. Identität, das wird im Folgenden genauer ausgeführt, existiert nicht aus sich allein heraus, sondern nur in Relation zu etwas anderem. Das Selbst ist nur mit dem Anderen denkbar. Und je nachdem, wozu Europa im Verhältnis gesehen wird, je nachdem, wie die Horizonte des Eigenen gezogen werden, steht ‚europäische Identität' für verschiedene Inhalte.

gezogen und Ausblicke für die Beschäftigungen in der volkskundlich-kultur-wissenschaftlichen Forschung mit ‚europäischen' Themen gegeben werden (Kapitel 10). Zunächst wird aber das Verhältnis der volkskundlich-kultur-wissenschaftlichen Forschung zu Europa betrachtet (Kapitel 2).

2 Europa und die volkskundlich-kulturwissenschaftliche Forschung

2.1 Volkskunde und Europäische Ethnologie

Die Auseinandersetzung mit Europa hat in der volkskundlich-kulturwissenschaftlichen Forschung[33] in den letzten zwanzig Jahren zugenommen. Dies wurde zum einen ausgelöst durch das Ende der ideologischen Teilung in einen Ost- und einen Westblock seit dem Fall der Berliner Mauer 1989, zum anderen befördert durch den Gewinn der Europäischen Union an politischer Bedeutung und Einflussnahme auf EU- und Nicht-EU-Staaten seit der Gründung der EU mit dem Vertrag von Maastricht 1991-1993. Europa wurde in der Volkskunde zwar auch schon früher thematisiert, die wenigen Initiativen in der ersten Hälfte des 20. Jahrhunderts waren allerdings nur begrenzt erfolgreich oder blieben ein „stolzer ‚Sonderweg'".[34] Heute ist festzustellen, dass es wohl in den letzten Jahren eine Art ‚Europa-Hausse' gegeben haben mag. Europa dominiert jedoch weder andere Themen, noch ist es als Thema an den Instituten gleich stark ausgeprägt.[35] Besonders verwundert, dass gerade an einigen Instituten der Europäischen Ethnologie keine oder nur sehr wenige Arbeiten über Europa oder das europäische Ausland angefertigt worden sind, da doch gerade diese Fachbezeichnung nicht nur eine zentrale Rolle Europas für die Forschung vermuten lässt, sondern zudem auch auf eine gewisse Tradition zurückblicken kann.

Die Bezeichnung ‚Europäische Ethnologie' geht auf Sigurd Erixon und das Jahr 1937 zurück.[36] Auf dem „Congrès Internationale d'Ethnologie Régionale" 1955 in Arnhem wurde sie dann vorgeschlagen, um den durch die völkische Ideologie der Nazi-Zeit als belastet empfundenen Namen ‚Volkskunde' zu ersetzen[37] und um der Forschung eine stärkere Perspektive über die nationalen

---

33   Vgl. Fn. 28.
34   Johler (2005a:155). Vgl. hierzu auch Schriewer (2004:31).
35   Vgl. Schriewer (2004:33f.).
36   Erixon (1937).
37   Roth (1996:11); Johler (2004:60).

Grenzen hinweg zu eröffnen.[38] Die „in das Gesamtkonzept einer aus Völker-
und Volkskunde zusammengesetzten ‚Ethnologie'"[39] eingeordnete Europäische Ethnologie sollte zudem „die Lücke [zwischen nationaler Volks- und au-
ßereuropäischer Völkerkunde, M.V.] schließen und Europa als Ganzes zum
Gegenstand volkskundlich-ethnologischer Forschung machen."[40]

Die Bezeichnung konnte sich allerdings bis heute nicht allgemein durchsetzen,[41] und auch über das, was unter ‚Europäischer Ethnologie' zu verstehen
ist, herrschen geteilte Auffassungen. Eine Einschätzung bezeichnet sie als
„modernisierte"[42] Volkskunde. Einer anderen Richtung zufolge dürfe sie aber
nicht „nur [...] ‚geliftetes' Modell der Volkskunde"[43] sein. Vielmehr wird Europäische Ethnologie als eine von der Volkskunde verschiedene, als „eine tatsächlich neue Forschungsperspektive"[44], „eine fachliche Neupositionierung"[45]
betrachtet. Vier der in den letzten Jahren formulierten verschiedenen (Euro-
pa- und Selbst-) Verständnisse des Faches gerade als Europäische Ethnologie werden im Folgenden vorgestellt.

2.2   Europa- und Fachverständnisse

2.2.1   „Im europäischen Rahmen"

Für Wolfgang Kaschuba hat sich „im Fach Volkskunde ein anderes, neues
Verständnis, eben das einer Europäischen Ethnologie, entwickelt", wozu „interdisziplinäre wie internationale Erweiterungen der Perspektive" beigetragen
haben.[46] Eine Beschäftigung nur mit der eigenen Kultur treffe nicht mehr zu,

---

38   Lutz (1970:28). Etwa zur gleichen Zeit warb Meisen (1952) für eine „europäische
      Volkskunde". Die Umstände und Unterschiede werden erläutert in Lutz (1970:28-
      30).
39   Hauschild (1982:11).
40   Roth (1999:37).
41   Zur unterschiedlichen Rezeption der Bezeichnung ‚Europäische Ethnologie' in den
      1950er und dann in den 1960er/1970er Jahren sowie zum Verhältnis von Volks-
      und Völkerkunde in Deutschland vgl. Lutz (1982:42-44).
42   Niedermüller (2002:32-44).
43   Kaschuba (1999:106).
44   Niedermüller (2002:30).
45   Johler (2000:195); und noch einmal Johler (2001:179).
46   Kaschuba (1999:106).

das „Anliegen" Europäischer Ethnologie müsse deswegen „als die Beobachtung und Erforschung des Anderen in der Kultur beschrieben werden".[47] Zentraler Begriff für Kaschuba ist hier ‚Kultur'. Diese versteht er nicht „als ein festes System von Traditionen, Werten, Handlungsmustern und Symbolen",

> Kultur meint vielmehr den ständigen Prozeß des praktischen Aushandelns jener Regeln, nach denen Menschen, Gruppen und Gesellschaften miteinander verkehren, nach denen sie sich verständigen wie gegenseitig abgrenzen. [...] Solche Kultur meint Gesellschaft im Vollzug ihres praktischen Lebens. [Europäische Ethnologie muss] Kultur zuallererst als alltägliche Praxis verstehen [...], als ein Ineinander von Verhaltensregeln, Repräsentationsformen und Handlungsweisen in konkreten sozialen Kontexten [...].[48]

‚Europa' steht in Kaschubas Fachverständnis weniger im Zentrum. Europäische Ethnologie solle vielmehr „im europäischen Rahmen betrieben werden [...]", wobei „dieser Rahmen sicherlich mehr eine Setzung, mehr eine pragmatisch als grundsätzlich zu begründende Perspektive" bedeute.[49] Sinnvoll sei dieser Rahmen, da die „europäischen Wissens- und Wissenschaftskulturen" von Selbstreflexivität geprägt seien – „ein europäisches Spezifikum, das sich in anderen Kontinenten und Kulturen offenbar nicht wieder findet [...]." Diese Selbstreflexivität wird verstanden „als ein beständiges öffentliches Nachdenken über die eigenen Grundlagen und Entwicklungen, als ein beständiger konkurrierender Vergleich mit den Entwicklungswegen der anderen".[50] Europa sei somit die „zivilisationsgeschichtliche ‚Werkstatt des ethnologischen Blicks'" und als „Diskursraum ‚des Kulturellen' zu begreifen."[51]

2.2.2   „Blick auf das Fremde"

Klaus Roth versteht unter ‚Europäischer Ethnologie' das „synergetische Zusammenwirken"[52] zwischen Volkskunde und Völkerkunde, denn sie sei

> eine komparatistische Wissenschaft, eine Wissenschaft der Kulturbeziehungen in und nach Europa sowie der Interdependenzen und Interaktionen zwischen seinen Gruppen und Völkern. Sie beinhaltet stets beide Perspektiven: die Sicht auf die ei-

---

47   Kaschuba (1999:107).
48   Kaschuba (1999:107).
49   Kaschuba (1999:108).
50   Kaschuba (1999:109).
51   Kaschuba (1999:110).
52   Roth (1999:38).

gene Kultur und in demselben Maße auch die Sicht auf die *anderen* Kulturen. Sie ist somit eine Wissenschaft sowohl des Eigenen als auch des Fremden bzw. der Beziehun-ˆgen [sic] zwischen beiden, der Identitätssuche und der Fremderfahrung, der Innen- und der Außensicht.[53]

Im Mittelpunkt seiner Überlegungen steht das Verhältnis von Eigenem und Fremdem, die nicht getrennt betrachtet werden können, denn „zur eigenen Kultur gehört stets auch die Fremderfahrung, die Begegnung mit und die Verarbeitung von kultureller Differenz".[54] Das Studium des ‚Fremden im Eigenen' wie des ‚Eigenen im Fremden' ist im Fach bereits ausführlich betrieben worden.[55] Ausnahme geblieben sei hingegen der „Blick auf das Fremde, über die nationalen Grenzen hinweg auf andere europäische Kulturen".[56] Europäische Ethnologie ist für Roth aber gerade „eine Wissenschaft der Vielfalt der Völker und Kulturen Europas und ihres Mit- und Nebeneinanders; genauer gesagt: der [‚europäischen' wie ‚nicht-europäischen', M.V.] Kulturen *in* Europa", wobei auch „die Grenzen zur Völkerkunde verschwimmen" können.[57]

Roth verbindet die Erforschung „der Wechselbeziehungen und Interaktionen zwischen dem Eigenen und dem Fremden"[58] mit der Auffassung, dass das erworbene Wissen auch zur Verfügung gestellt werden müsse, „um Schaden abzuwenden und das Verstehen zwischen den ethnischen Gruppen und den Völkern zu fördern. [...] Es wäre dies eine angewandte *Europäische Ethnologie* im Dienste des besseren Zusammenlebens der Völker und Gruppen in einer kleiner gewordenen Welt".[59] Seinen Beitrag solle das Fach dadurch leisten, dass es die Interkulturelle Kommunikation zu seiner Aufgabe macht und den Realitäten Europas durch eine „Synthese von Ansätzen der traditionellen

---

53 Roth (1999:37).
54 Roth (1996:13). Vgl. auch die Schilderungen von Matter (1995:280), der nach seinen Studien im „vermeintlich Eigenen", im Lötschental und in der Eifel, dann in der Türkei „das wirklich Fremde als eigentümliche Nähe erlebt" habe.
55 Beim ‚Fremden im Eigenen' etwa bei der Erforschung von Migrationsphänomenen oder von Teil- und Subkulturen. Als Beispiel für die Beschäftigung mit dem ‚Eigenen im Fremden' kann die Sprachinselvolkskunde gelten, aber auch Aspekte der Vertriebenenvolkskunde können hierunter subsumiert werden. Vgl. hierzu ausführlich Roth (1996:13f.).
56 Roth (1996:14).
57 Roth (1996:16).
58 Roth (1996:16).
59 Roth (1996:18f.).

Volkskunde und der *Völkerkunde*" begegnet.[60] Für Roth ist Europa „seit langer Zeit Forschungsfeld sowohl der Volkskunde als auch der Völkerkunde", und so sei es die Europäische Ethnologie, die „Volkskundler und Völkerkundler in einem Forschungs*raum* zusammenführt".[61]

2.2.3 „Eigene Gesellschaft"

Peter Niedermüller betrachtet die Europäische Ethnologie im Verhältnis zur Volkskunde einer- und zur Kultur- und Sozialanthropologie andererseits. Während Roth hier eine Verbindung der beiden im Auge hat, versteht Niedermüller unter ‚Europäischer Ethnologie' die Distanzierung gegenüber diesen. Von der rekonstruierenden, rettenden und dokumentierenden Volkskunde trenne die Europäische Ethnologie, dass sie auf zeitliche Nähe zum Erforschten gehe und nicht auf zeitliche Distanz. Im Vergleich zur sich vornehmlich mit nicht-europäischen Kulturen beschäftigenden Kultur- und Sozialanthropologie zeichne sie sich durch kognitive Nähe statt kognitiver Distanz aus. So versteht er unter ‚Europäischer Ethnologie' „eine Wissenschaft, die grundsätzlich die erweiterte Gegenwart der eigenen Gesellschaft ethnographisch untersucht."[62] Genauer gesagt sei sie als das Produkt von fünf Perspektiven zu sehen, die gemeinsam das Fach von anderen unterscheide:

(a) Europäische Ethnologie untersucht *komplexe* Gesellschaften, führt ihre Forschungen ausschließlich in diesen komplexen Gesellschaften durch;

(b) Europäische Ethnologie konzentriert ihre Forschungen auf die *eigene* Gesellschaft;

(c) Europäische Ethnologie geht immer von der Gegenwart aus, beschränkt sich aber nicht auf diese Gegenwart: sie untersucht die *„erweiterte Gegenwart";*

(d) Europäische Ethnologie zielt in ihren Untersuchungen auf die *kulturelle Konstruktion* (spät)moderner Gesellschaften, auf die Wirkungsmacht, die Funktion und den Wandel von kulturellen Konzepten *und* auf die soziokulturelle Logik *(g)lokaler Welten;*

(e) Europäische Ethnologie arbeitet – methodologisch gesehen – *ethnographisch* und *diskursanalytisch.*[63]

60   Roth (1996:20, 23).
61   Roth (1999:36, 39).
62   Niedermüller (2002:55).
63   Niedermüller (2002:55).

Das „konstitutive Merkmal" der Europäischen Ethnologie ist dabei für Niedermüller, dass sie „die eigene Gesellschaft als ihr eigenes Forschungsobjekt
sieht": „Grundsätzlich kann man die ethnologische Untersuchung der eigenen
Gesellschaft als *auto-anthropology* verstehen, als eine ethnologische bzw.
anthropologische Forschung also, die in dem Kontext durchgeführt wird, der
auch die Ethnologie selbst produziert hat."[64] Die kognitive Nähe von ‚eigener
Gesellschaft' sei in verschiedenen Kontexten zu finden. Sie meine nicht nur
„die eigene *nationale* Gesellschaft des Ethnologen/der Ethnologin", sondern
generell „jene Orte, Räume und Gesellschaften, in dem [sic] der Forscher/die
Forscherin gerade lebt und in dem [sic] er/sie jene Themen und Konflikte untersucht, die das soziale Leben in diesen [...] prägen."[65] Den breiteren Kontext, der für Niedermüller die eigene Gesellschaft ausmacht, stelle Europa
dar. Europa ist für ihn dabei kein geographischer Ort, sondern bedeutet den
„kulturellen Horizont", den „gemeinsame[n] Nenner der europäischen
(Spät)Moderne", „die ‚Herkunft unseres Denkens' (K. Köstlin)", „einen Wis-
senszustand".[66]

2.2.4   „Europäischer Alltag"

Für Reinhard Johler schließlich ist die Europäische Ethnologie „ein noch zu
debattierendes Zukunftsprojekt", für das ein „gemeinsames ‚partnerschaftli-
ches' Gespräch der ethnologischen, volkskundlichen, aber ebenso der sozial-
und kulturanthropologischen Disziplinen in Europa" vonnöten sei.[67] In diesen
Gesprächen könne eine „‚ethnologie européenne'" verstanden als „unity in
diversity' der anthropologischen und ethnologischen Disziplinen in Europa
[...] von Rückblicken in die jeweils spezifischen Fachgeschichten profitie-
ren"[68] bei der Auseinandersetzung mit dem gemeinsamen Feld. Das Feld der
Europäischen Ethnologie steht für ihn dabei bereits fest, es besteht im sogenannten ‚neuen Europa', in dem „Europa [...] als ‚master symbol' politisch

---

64   Niedermüller (2002:56).
65   Niedermüller (2002:56f.).
66   Niedermüller (2002:57f.).
67   Johler (2000:195).
68   Johler (2000:195).

heftig umkämpft"[69] ist, sowie in der „fundamentalen Reorganisation von ‚territoriality and peoplehood' in Europa"[70] durch den Prozess der ‚Europäisierung' und den Einfluss der Europäischen Union auf den ‚europäischen Alltag'.

> Und genau dieser europäische Alltag als lebensweltliche Form des „belonging in Europe" ist der primäre focus [sic] zukünftiger, vergleichend kulturwissenschaftlich-volkskundlich-ethnologisch-anthropologischer Forschungen. Dabei scheinen [...] gerade jene kulturellen, symbolischen und politischen Schnittstellen am interessantesten zu sein, in denen lokale Ereignisse und gesellschaftliche Makroprozesse aufeinander treffen, wo [...] Kultur und Macht europäische Lebenspraxen formen.[71]

Für dieses Feld sei „die Volkskunde, verstanden als Europäische Ethnologie, mit ihrer lebensweltlich-kulturellen Perspektive, mit ihrer vergleichenden Zugangsweise und mit ihrer Fähigkeit, Geschichte reflexiv mitzudenken [...] geradezu prädestiniert".[72]

2.3   Europa und ‚europäische Identität' – scheinbare Selbstverständlichkeiten

Die hier vorgestellten Konzepte scheinen sich auf den ersten Blick zunächst sehr voneinander zu unterscheiden, geht es doch, wie oben gezeigt, Kaschuba um die „Erforschung des Anderen"[73], Niedermüller um die „eigene Gesellschaft als [...] Forschungsobjekt"[74] und Roth um die „Wechselbeziehungen [...] zwischen dem Eigenen und dem Fremden"[75]. Während Niedermüller die „erweiterte Gegenwart"[76] erforschen möchte und sich deswegen von der Volkskunde distanziert, weil für diese zeitliche Distanz konstitutiv sei, ist es

---

69   Johler (2002a:165); zu Europa als ‚master symbol' im Sinne Victor Turners vgl. auch Goddard/Llobera/Shore (1994:26).
70   Johler (2000:194).
71   Johler (2000:194).
72   Johler (2000:194).
73   Kaschuba (1999:107; wie Fn. 47).
74   Niedermüller (2002:56; wie Fn. 64).
75   Roth (1996:16; wie Fn. 58).
76   Niedermüller (2002:55; wie Fn. 62). Auch wenn Niedermüllers Fokus auf der Gegenwart liegen mag, so weist doch der Begriff der ‚erweiterten' Gegenwart deutlich darauf hin, dass die Untersuchung der Gegenwart der Erweiterung um die Vergangenheit bedarf, um sie zu verstehen.

für Johler gerade die „Fähigkeit, Geschichte reflexiv mitzudenken"[77], die das Fach auszeichnet.

Zu bedenken ist aber, dass wir die Gegenwart nur begreifen können, wenn wir historisch argumentieren und sie aus der Vergangenheit heraus zu verstehen trachten, und dass wir zugleich die Vergangenheit immer aus unserer jeweiligen Gegenwart heraus interpretieren.[78] Und wenn wir das Eigene betrachten, so ist dieses nicht aus sich allein heraus, sondern nur in Verbindung mit einem Fremden erklärbar, während umgekehrt auch nur derjenige Aussagen über das Fremde treffen kann, der sich des Eigenen bewusst ist. Denn das eine wird erst durch das andere und im Verhältnis zu diesem zu dem, was es ausmacht.

Auf den zweiten Blick lässt sich deshalb erkennen, dass die verschiedenen Fachverständnisse ungeachtet der Betonung von unterschiedlichen Akzenten viel Gemeinsames verbindet. Ob Kaschubas „Kultur [...] als alltägliche Praxis"[79], Roths „Kulturbeziehungen"[80], die „eigene Gesellschaft"[81] bei Niedermüller oder, wie es Johler formuliert, „Alltag als lebensweltliche Form"[82] – allen geht es um das „scheinbar Selbstverständliche unseres Lebens"[83]. Es geht um die kulturell und sozial geformten, alltäglichen Voraussetzungen und Zusammenhänge menschlichen Zusammenlebens, deren Konstruktionen es für uns volkskundlich-kulturwissenschaftlich zu untersuchen gilt. Ob im Fach nun also eher die Vergangenheit oder eher die Gegenwart im Vordergrund steht, ob sich die Beschäftigung stärker um das Eigene oder um das Fremde

---

77   Johler (2000:194; wie Fn. 72).
78   Zu berücksichtigen ist des Weiteren, dass dies alles zudem mit Blick auf die Zukunft geschieht, denn auch wenn die Diskussion um die Kategorien Vergangenheit und Gegenwart geführt wird, so ist die Zukunft nicht beiseite zu schieben. So richten sich Überlegungen, ob Wissenschaft nützen kann, ob ihre Erkenntnisse sinnvoll angewandt werden können, auf Zukünftiges. Nicht zu vergessen ist zudem, dass die Menschen, mit denen wir uns auseinandersetzen, mit Blick auf die Zukunft fühlen, denken und handeln, dass also die Beschäftigung mit Vergangenheit und Gegenwart auch immer angestrebte und antizipierte Gestaltung von Zukunftsmöglichkeiten bedeutet.
79   Kaschuba (1999:107; wie Fn. 48).
80   Roth (1999:37; wie Fn. 53).
81   Niedermüller (2002:55; wie Fn. 62).
82   Johler (2000:194; wie Fn. 71).
83   Lehmann (1995:87).

dreht, ob Nähe oder Differenz unsere Betrachtungen stärker auszeichnet – so geht es bei diesen Überlegungen nicht darum, zwischen verschiedenen Disziplinen zu unterscheiden. Denn die Kategorien und Begriffe, mit denen wir uns auseinandersetzen, sind nicht unabhängig voneinander denkbar, und wir können nur in vergleichender Betrachtungsweise zu Erkenntnissen gelangen. Bei diesen Überlegungen geht es vielmehr um Herangehensweisen und Blickwinkel, die *innerhalb* des Faches unterschiedlich betont werden. Die verschiedenen Perspektiven können sich so ergänzen und damit gerade auch bei der Auseinandersetzung mit ,Europa' zur Stärke der volkskundlich-kulturwissenschaftlichen Forschung werden.

Dabei scheint es jedoch fragwürdig, wenn ,Europa' als selbstverständliche Größe angesehen wird. Ist dies denn so? Sind nicht vielmehr auch der Begriff ,Europa', unsere eigenen Vorstellungen dessen, was ,europäisch' ist, zu hinterfragen? Müssen wir nicht, wenn wir Europa als „Forschungsfeld" und „Forschungsraum"[84] ansehen, grundsätzlich begründen, warum wir Wissenschaft ,im europäischen Rahmen' betreiben sollten? Reicht es da aus, Europa einfach als „Herkunft unseres Denkens"[85] oder als unseren „kulturellen Horizont"[86] aufzufassen, ohne uns wiederum mit dem Wesen und der Herkunft ,Europas' auseinanderzusetzen? Sollten wir uns – auch wenn man einen eurozentrischen Blick nur eingeschränkt wird abwenden können – nicht zumindest zuvor klar darüber werden, wo die ,Herkunft unseres Denkens' und der ,kulturelle Horizont' ideengeschichtlich herkommen? Dann kann auch grundlegend begründet werden, warum Forschung gegebenenfalls gerade im ,europäischen Rahmen' stattfinden solle.

Eine in diesem Sinne ,europäische Wissenschaft' sollte also zugleich – und eigentlich schon im Vorfeld – auch eine ,Wissenschaft von Europa' sein, die sich mit ,Europa' als dem scheinbar Selbstverständlichen auseinandersetzt.[87] Was bedeutet ,Europa' denn und wie kommt es dazu? Dabei ist es unbestritten wichtig, die Bedeutungen und Praxen zu untersuchen, die mit Europa –

---

84   Roth (1999:36, 39; wie Fn. 61); Hervorhebung entfernt, M.V.
85   Köstlin zitiert in Niedermüller (2002:57; wie Fn. 66).
86   Niedermüller (2002:57; wie Fn. 66).
87   Dabei ist die Rolle Europas für die volkskundlich-kulturwissenschaftliche Forschung sicherlich auch nicht zu überschätzen, und Europa nüchtern betrachtet *ein* Themenbereich.

verstanden als das Europa der ‚Europäischen Union', als ‚Europäisierung', als ‚europäischer Alltag' – wie selbstverständlich verbunden werden, die es selbst wiederum transportiert, und die somit die Lebenswirklichkeiten der Menschen beeinflusst. Dabei sollte aber die theoretisch-ideologische Grundlage, die konzeptuell hinter diesem materialisierten und praktizierten ‚Europa' steht, nicht von der volkskundlich-kulturwissenschaftlichen Forschung ausgenommen werden. Deshalb kann sich die Beschäftigung mit Europa auch nicht mit Bezug auf die Ebenen des Lokalen, Regionalen oder Nationalen erschöpfen, für die Europa den ‚Rahmen' bietet.[88] Die volkskundlich-kulturwissenschaftliche Forschung sollte sich folglich nicht nur mit dem ‚*in* Europa', sondern auch mit dem ‚*über* Europa' befassen.[89]

Wenn wir den Blick weiter fassen und schauen wollen, was auf einer Makroebene hinter dem Begriff ‚Europa' selbst steckt, so ist damit die Frage nach

---

88 Vgl. als Beispiele für Arbeiten zum Lokalen Johler (2002b), Johler (2005b) und Becker (2005a); zum Regionalen Bausinger (1994), Köstlin (2005) und Kaschuba (2006); zum Nationalen Johler (1999) und Binder/Kaschuba/Niedermüller (2001). Die Ebene des Regionalen wird dabei fast ausschließlich verstanden als „intra-state and inter-state micro-regions like, e.g., ‚Occitania' or ‚Bavaria' and ‚Bessarabia' or ‚Alemania'" (Troebst (2003:173)). Die Ebene des Globalen wird mitunter auch behandelt, dann allerdings verstanden als Prozess der Globalisierung, nicht als (territoriale) Raumeinheit. Vgl. als Beispiele Löfgren (1996) und Anthropolitan (1999).

89 Diese Forderung wurde bereits mehrfach aus anthropologischer und ethnologischer Perspektive erhoben, unter anderem von Goddard/Llobera/Shore (1994:19, 23) und Dracklé/Kokot (1996:3). Poehls/Vonderau (2006) nehmen solche anthropologischen Ansätze auf und beziehen Themen ein, die sowohl *in* als auch *über* Europa ansetzen. Jedoch ist die folgende explizite Forderung von Huropp (2000:5) innerhalb der volkskundlich-kulturwissenschaftlichen Forschung im engeren Sinne eine Ausnahme geblieben: „Bisher hat sich eine europäische Ethnologie bzw. Anthropologie jedoch fast ausschließlich mit Phänomenen *innerhalb* Europas beschäftigt; der Fokus liegt auf der Erforschung lokaler Gemeinschaften, sowohl Erkenntnisinteresse als auch Methoden sind auf solche Mikro-Studien ausgerichtet. Eine Anthropologie *Europas*, die Europa selbst, den Prozeß der Europäisierung eines gesamten Kontinents und seiner Bewohner, zum Gegenstand hat, scheint auf den ersten Blick wegen der ‚Makro'-Ebene abwegig, und tatsächlich beschäftigen sich hauptsächlich Historiker und Politologen mit der ‚Konstruktion Europas'. In den hierbei geführten Diskursen geht es jedoch um augenfällig klassisch anthropologische Themen wie etwa Kultur, Identität oder Gemeinschaft; gleichzeitig zeigt sich die ‚Präsenz Europas' in zunehmendem Maße durch alle möglichen symbolischen Formen im Alltagsleben von immer mehr Menschen. Die Makroebene sollte und kann deshalb nicht als Forschungshindernis dienen." Für neuere Arbeiten aus historischer Perspektive siehe Kaelble (2008) und Stråth (2008).

der Identität Europas, nach ,europäischer Identität' angesprochen.[90] Dass die verschiedenen möglichen Antworten auf diese Frage dabei ganz praktische Auswirkungen in den Lebenswirklichkeiten der Menschen haben, sieht man etwa – wie auch zu Beginn der Arbeit (Kapitel 1.2) angeführt – daran, dass die Anerkennung der Zugehörigkeit zu Europa, die Anerkennung von ,Europäizität', eine Bedingung für die Mitgliedschaft in der Europäischen Union darstellt. Auch das Streben der Europäischen Kommission, das Bewusstsein einer ,europäischen Identität' zu erhöhen,[91] nimmt in der Umsetzung der zur ,Bewusstmachung' dienenden Initiativen[92] Einfluss auf die ,europäische Alltagskultur'.

Während bei der Konstruktion von Europa auch auf die kleineren Ebenen des Lokalen, Regionalen oder Nationalen Bezug genommen wird – etwa als einer Nationalstaaten überwindenden politischen Einheit oder als ,Europa der Regionen' –, geht es bei der Konstruktion von ,europäischer Identität' besonders um die Betrachtung von mit Europa vergleichbaren Gemeinschaften auf *einer*

---

90   Anregungen zu Fragen ,europäischer Identität' stammen ebenfalls meist aus Ethnologie und Anthropologie, vgl. hierzu die vor allem in der Ethnologia Europaea erschienenen Aufsätze von Frykman (1999), Harbsmeier (1999), Shore (1999) und Huropp (2000). Auch politikwissenschaftliche Arbeiten wie die von Ringmar (1996) und Neumann (1999) können gewinnbringend in die Diskussion eingebracht werden.

91   Die Commission of the European Communities zitiert in Shore (1993:779) spricht davon „to boost people's awareness of a European cultural identity".

92   Viele dieser Initiativen wurden in den ,Adonnino Reports' Mitte der 1980er Jahre vorgestellt und zum größten Teil in der Folgezeit umgesetzt: „Among the various new symbols and initiatives that resulted from the Adonnino reports were the European passport and the standardized European driving licence, a European anthem [...], and a European flag [...]. In addition the Commission proposed a number of what it called ,consciousness-raising' measures reckoned to be of specifically ,symbolic value' [...]. These included the ,European Road Safety Year' [...]; the harmonization of car number-plates and the incorporation of the European logo; sponsorship of a European Youth Orchestra and a ,Europe of Tomorrow' young scriptwriters competition; town-twinning; European sports events [...]; and the European City of Culture project. The Adonnino Committee even drew up plans for a Eurolottery, the results of which would be ,televised throughout the Community' and ,expressed eventually in ECU'" (Shore/Black (1994:286f.)). Als Beispiel für eine volkskundlich-kulturwissenschaftliche Auseinandersetzung mit einer der Initiativen vgl. Hell/Ramuschkat (2002) zur Wirkung der Werbung für die gemeinsame Euro-Währung.

(Makro-) Ebene.[93] Warum die Betrachtung auf der gleichen Ebene entscheidend ist, wird deutlich, wenn wir zum Beispiel Menschen aus Stuttgart und aus Hamburg betrachten. Diese sehen sich, wenn sie sich begegnen, in erster Linie weder als Deutsche noch als Europäer, vielmehr vergleichen sie sich auf derselben Ebene und identifizieren sich mit ihren Herkunftsorten als Stuttgarter und Hamburger. Die Konstruktion einer ‚europäischen Identität' erfolgt somit nicht durch einen Bezug zum Lokalen, zu bestimmten Orten oder Plätzen, ebenso wenig wie zu den anderen genannten Ebenen. Menschen können sich beispielsweise als Deutsche identifizieren, wenn sie sich in ein Verhältnis zu Franzosen setzen.[94] Es gelingt hingegen nicht, sich im Verhältnis zu einem Franzosen als Europäer zu sehen. Franzosen und Deutsche (aus Hamburg wie aus Stuttgart) empfinden sich erst dann zusammen als Europäer, wenn sie sich beispielsweise Amerikanern oder Afrikanern gegenüber sehen.[95] In einer solchen „multiplicity of allegiances"[96] bedarf es offensichtlich vergleichbarer Gemeinschaften auf *einer* Ebene mit Europa, zu denen im Verhältnis eine Identifikation erfolgen kann.[97] Wie sich die Identifikation mit einer Gemeinschaft erklären lässt, soll im Folgenden mit Hilfe aufeinander aufbauender kultur- und sozialwissenschaftlicher Konzepte theoretisch erläutert werden.

---

93   Das können zum Beispiel ‚die USA', ‚Asien', ‚der Orient', ‚Russland' oder andere sein.

94   Vgl. Kaschuba (2004) über das Deutsche als das Nicht-Französische bei Herder, Jahn und Arndt.

95   So ist auch der Ausruf ‚deutscher' Namibier − „Aber wir sind doch *Europäer*" − zu verstehen, als sie sich von Schmidt-Lauber (1996:315) zum Gegenstand einer traditionell verstandenen Völkerkunde gemacht fühlten. Sie halten sich nicht als ‚*Deutsche'* für einen unpassenden Gegenstand völkerkundlicher Untersuchungen, die sich in ihrem Verständnis mit „außereuropäischen, möglichst exotischen Kulturen" beschäftigen sollten. Sie sehen sich vielmehr als ‚*Europäer'* in Abgrenzung zu den ‚afrikanischen' Namibiern, denen ihrer Ansicht nach eigentlich die Aufmerksamkeit solcher Studien gebührt.

96   Smith (1992:59).

97   Vgl. auch Greverus (1972:60): „Solange aufgrund der Mythisierung eine Unvergleichbarkeit der Ebenen besteht [...], führt die Reflexion über das Fremdverhalten nicht zu einer solchen über die eigene Territorialität und das eigene Territorium als Totalphänomen. Dieses Stadium setzt erst ein, wenn zwei auf der gleichen Ebene liegende Kreise verschiedener Territorialitäten sich berühren oder überschneiden."

Teil II

3   Die Konstruktion von Identität

3.1   Das prozessuale Modell

Was die Existenz einer ‚europäischen Identität' angeht, mutet eine Aussage wie die Folgende wenig überzeugend an: „In spite of Europe's infinite diversities, many separate histories, religions, regions and cooking, innumerable languages and myths, we basically all share the same kind of experiences."[98] Denn ‚grundsätzlich ähnliche', und somit grundsätzlich vage, gemeinsame ‚Erfahrungen' verbinden Geschwister ebenso wie Einkaufende an der Supermarktkasse oder die gesamte Menschheit.

Eine Herangehensweise an ‚europäische Identität' versucht deswegen, Unterschiede in einem „procedural model of collective identity"[99] zu etwas Gemeinsamen zusammenzuführen und auf diesem Wege ‚europäische Identität' trotz aller Vielfalt zu erklären. Als Vertreter dieser Richtung bezieht Jürgen Habermas in seinem Konzept des „Verfassungspatriotismus"[100] die Position, dass sich „aus den verschiedenen *nationalen* Kulturen eine gemeinsame *politische* Kultur ausdifferenzieren"[101] lasse. Die Entwicklung der Nation betrachtend kommt er zu dem Schluss, dass sich eine nationale Identität – und somit potenziell auch eine europäische – seit der Französischen Revolution statt aufgrund eines „ethnischen Zusammenhangs" vor allem prozessual als „Willensgemeinschaft" bilde: „Die Staatsbürgernation findet ihre Identität nicht in ethnisch-kulturellen Gemeinsamkeiten, sondern in der Praxis von Bürgern, die ihre demokratischen Teilnahme- und Kommunikationsrechte aktiv aus-

---

98   Papcke (1992:68).
99   Giesen (2003:22).
100 Habermas (1992:642); Hervorhebung entfernt, M.V.
101 Habermas (1992:651).

üben."[102] Für die Ausübung dieser Rechte bedürfe es allerdings der Grundlage eines „konsentierten *Verfahrens* [, das] zur rechtsstaatlichen Verfassung ausdifferenziert" werde.[103] Eine solche europäische Verfassung und damit verbunden die, wie Bernhard Giesen formuliert, „long-term practice of citizenship, the routines of coping with cultural diversity and the firmly established patterns of legitimacy and sovereignty will provide an integrative tie of belonging and collective self-understanding."[104] So soll über einen Verfassungspatriotismus die Identifizierung mit der Gemeinschaft erfolgen, die sich die Verfassung gegeben hat.

Mit einem derartigen ‚prozessualen Modell' lässt sich jedoch nicht erklären, warum gerade *diese* bestimmte Anzahl von Menschen in *dieser* begrenzten Auswahl von Staaten und Gesellschaften infolge einer gemeinsamen Verfassung eine ‚*europäische* Identität' herausbilden sollte.[105] Denn durch eine Verfassung könnte jede beliebige Gruppe bis zur gesamten Menschheit zusammengefasst werden und über zu erlernende und zu befolgende formalprozessuale Wege zu einer gemeinsamen Identität gelangen. Auch Habermas stellt fest:

> Die Verfassungsprinzipien können erst dann in den gesellschaftlichen Praktiken Gestalt annehmen und zur treibenden Kraft für das dynamisch verstandene Projekt der Herstellung einer Assoziation von Freien und Gleichen [= eines Bewusstseins gemeinsamer Identität, M.V.] werden, wenn sie im Kontext der Geschichte einer Nation von Staatsbürgern so situiert werden, daß sie mit Motiven und Gesinnun-

---

102 Habermas (1992:636). Ethnisch-kulturelle Gemeinsamkeiten haben nach Habermas (1992:636f.) bei der *Entstehung* nationaler Identitäten zwar eine katalysierende Rolle gespielt, seien für diese aber nicht konstitutiv: „Der durch historisches Bewußtsein und Romantik, also wissenschaftlich und literarisch, vermittelte Nationalismus hat eine kollektive Identität begründet, die für die in der Französischen Revolution entstandene Staatsbürgerrolle *funktional* gewesen ist. [...] Daraus erklärt sich das komplementäre Verhältnis, in dem Nationalismus und Republikanismus ursprünglich stehen: eins würde [sic] zum Vehikel des anderen. Dieser sozialpsychologische Zusammenhang ist jedoch kein konzeptueller."
103 Habermas (1992:638).
104 Giesen (2003:22).
105 Auch die fortdauernd geringen Beteiligungen bei den Wahlen zum Europäischen Parlament lassen zweifeln, ob sich eine Identität auf Grundlage einer geringen und über Jahrzehnte nicht zunehmenden aktiven Ausübung von Teilnahme- und Kommunikationsrechten herausbilden kann, wenn ihnen nicht – wie bei nationalen Wahlen mit der Nation – bereits ein anerkanntes „Bezugsobjekt" (Lepsius (2004)) zugrunde liegt.

gen der Bürger eine Verbindung eingehen. [...] Dazu [= zur Ausdifferenzierung einer gemeinsamen europäischen Kultur, M.V.] bedarf es weniger der Selbstvergewisserung gemeinsamer Ursprünge im europäischen Mittelalter als vielmehr eines neuen politischen Selbstbewußtseins, das der Rolle Europas in der Welt des 21. Jahrhunderts entspricht.[106]

Habermas gibt allerdings keinen Hinweis darauf, woher ein europäisches Selbstbewusstsein kommen, auf was es sich gründen solle, wenn nicht auf den von ihm angeführten Kontext der Geschichte. Obwohl sein prozessuales Modell kollektiver Identität[107] versucht, unterschiedliche Traditionen auf formellem Verfahrenswege zu etwas gemeinsamen Neuem zu verbinden, geht er somit doch davon aus, dass einem Bewusstsein gemeinsamer Identität bereits ‚etwas' vorausgehen muss.

Das Konzept eines sich auf Europa beziehenden Verfassungspatriotismus ergibt folglich erst dann Sinn, wenn – wie neben Habermas auch die Europäische Kommission und andere dies tun – davon ausgegangen wird, dass eine *bereits vorhandene* Identität nur noch bewusst gemacht werden muss. Für die Bewusstmachung ‚europäischer Identität' ist also die Annahme Voraussetzung, dass eine solche *a priori* existiert. Und um davon auszugehen, dass eine ‚europäische Identität' existiert, bedarf es wiederum der Annahme, dass eine verbindende Gemeinschaft vorhanden ist, über die eine Identifikation erfolgen kann. Wenn es eine ‚*europäische* Identität' geben soll, dann muss es folglich ein als verbindende Gemeinschaft gedachtes Europa geben. Dabei stellt sich die Frage, auf welcher Grundlage eine solche Gemeinschaft besteht.[108]

---

106 Habermas (1992:642, 651).
107 Niethammer (2007) kritisiert umfangreich den Begriff der ‚kollektiven Identität' als ungenau, zu wenig reflektiert und inflationär gebraucht. Doch auch bei der von ihm vorgeschlagenen Alternative des ‚wir' bleibt der Kerngedanke einer zusammengehörenden bzw. sich zusammengehörig wahrnehmenden Gemeinschaft essentiell. Der Begriff ‚kollektiv' wird deshalb in dieser Arbeit – bei aller eigenen kritischen Betrachtung – mitunter verwendet.
108 Zunächst liegt der Gedanke nahe, Identität anhand eines ‚Gemeinsamkeitenmodells' zu erklären. Gemeinsamkeiten spielen für die Identifikation nach innen sicherlich eine große Rolle, aber nicht alleine, sondern *zusammen* mit Unterschieden nach außen. Im Folgenden wird ein Modell vorgestellt, das sowohl die Gemeinsamkeiten wie auch die Unterschiede berücksichtigt. Dieses könnte als ‚Differenzmodell' bezeichnet werden, da es um die Differenz zwischen Gemeinsamkeiten und Unterschieden geht. Es wird dennoch als ‚Abgrenzungsmodell' bezeichnet, da zum

3.2   Das Abgrenzungsmodell

3.2.1   Gemeinschaft durch Abgrenzung

Ausgangspunkt für Überlegungen zu dieser Frage bieten die Betrachtungen von Benedict Anderson über Nationen, bei denen die Mitglieder „die meisten anderen niemals kennen, ihnen begegnen oder auch nur von ihnen hören werden, [bei denen] aber im Kopf eines jeden die Vorstellung ihrer Gemeinschaft existiert."[109] Sie sind somit „imagined communities"[110], bei denen das Empfinden einer Zusammengehörigkeit zur Gemeinschaft – unabhängig vom ‚tatsächlichen' Vorhandensein von Gemeinsamkeiten – durch Vorstellung entsteht. Die Beobachtungen, die Anderson über die Nation als Gemeinschaft anstellt, sind dabei auch für die Beschäftigung mit der Konstruktion eines gemeinschaftlichen Europas dienlich.

Warum sich nationale Grenzen in der jeweiligen Grenzziehung herausbilden konnten, macht Anderson daran fest, dass sie als Verwaltungseinheiten bestanden.[111] Auf diese Einheiten beschränkte sich der (Vorstellungs-) Horizont der heranwachsenden Eliten und späteren amtlichen Funktionsträger, die in den Grenzen der Verwaltungseinheiten von Posten zu Posten wechselten. Solche Ortswechsel in Ausbildung und Verwaltung versteht Anderson im Sinne der von Victor Turner als sinnstiftende Erfahrung beschriebenen Reise als ‚weltliche Pilgerfahrten', welche für die Herausbildung der Nationen die herausragende Bedeutung hatten.[112] Sprache, Religion, Kultur, Ethnos und andere seien zwar bedeutsam, da auf sie als Unterscheidungsmerkmale und

---

einen nicht die statische Differenz sondern die aktive Abgrenzung (Differenzierung) nach außen entscheidend ist, und zum anderen, da, wie weiter unten ausgeführt wird, die wissenschaftliche Auseinandersetzung mit Identität am besten von den Grenzen ausgeht.

109   Anderson (1996:15).
110   Anderson (1983).
111   Anderson (1996:59). Auf die entscheidende Bedeutung der administrativen Organisation für die Herausbildung von Identität weist auch Lepsius (2004) hin, wobei nationale Verwaltung der europäischen ‚Eurokratie' weit voraus sei, da „europäische Verordnungen in nationale Gesetze übertragen werden und die Verwaltungskompetenz bei den Mitgliedsstaaten liegt. Diese Struktureigentümlichkeiten hemmen die Ausbildung einer spezifisch europäischen Identität."
112   Anderson (1996:60-63).

Grundlage der Abgrenzung rekurriert wird; ihre Bedeutung sei im Vergleich letztendlich aber nachrangig.[113]

In Abgrenzung zu den in eine ähnliche Richtung gehenden Ansichten von Ernest Gellner legt Anderson dabei Wert auf die Feststellung, dass Nationen respektive kollektive Gemeinschaften wie Europa nicht als „Erfindung' mit ‚Herstellung' von ‚Falschem' assoziiert" werden dürften, und es stattdessen vielmehr um „Vorstellen' und ‚Kreieren'", sprich Konstruieren, gehe.[114] Von Bedeutung sind in diesem Zusammenhang auch die von Anderson getroffenen, allerdings nicht ausgearbeiteten Feststellungen, dass erstens Gemeinschaften „als *begrenzt* vorgestellt"[115] würden, da die ‚Pilgerfahrten' im Rahmen bestimmter Grenzen stattfinden, und dass zweitens die Festlegung dieser Grenzen relativ unabhängig von bestimmten Unterscheidungsmerkmalen wie Sprache oder Religion etc. erfolgen könne.

Worin Gemeinschaften bestehen, über die eine Identifikation erfolgt, ist somit am besten von den Grenzen ausgehend zu betrachten,[116] oder in den Worten Fredrik Barths über ethnische Gemeinschaften:

---

113 Die Bedeutung der Verwaltungseinheiten im Vergleich zur Sprache veranschaulicht Anderson (1996:118-134) unter anderem an den Beispielen Französisch-Indochina, das nach dem Ende der Kolonialherrschaft in seine untergeordneten Verwaltungseinheiten Vietnam, Kambodscha und Laos zerbrach, und Holländisch-Indien, das als einheitliche Verwaltungseinheit hingegen zum unabhängigen Indonesien wurde. – Dass dieser Ansatz nur bis zu einem bestimmten Grad trägt, zeigt sich am Beispiel der auseinander gebrochenen Sowjetunion. Auch dort liefen die Ausbildungs- und Karrierewege der Eliten aus allen Unionsrepubliken zum gemeinsamen Zentrum in Moskau. Dies zeitigte aber 1991 gegenüber den Unabhängigkeitsbestrebungen in diesen Unionsrepubliken keinen Erfolg, auch wenn in den in der Sowjetunion herangewachsenen Generationen ein weiterhin ein größeres Empfinden von Gemeinsamkeiten und Gemeinschaft existiert, als dies in den nachfolgenden Generationen der Fall ist und sein wird.

114 Anderson (1996:16).

115 Anderson (1996:16).

116 In dieser Arbeit wird vor allem die Konstruktion ‚abstrakter' Grenzen thematisiert; auf ‚konkrete' Grenzen, wie sie vor Ort in den Lebenswirklichkeiten der Menschen von Bedeutung sind, wird nur am Rande eingegangen. Hierzu sei verwiesen auf eine ganze Reihe von in der volkskundlich-kulturwissenschaftlichen Forschung entstandenen ethnographischen Arbeiten zur Grenze, unter anderem Jeggle (1991), Eisch (1996) und Becker (2005b). Vgl. in diesem Zusammenhang auch die allgemeineren Aufsätze zum Thema Grenze von Köstlin (1999), Hörz (1999), Hartmann (2000) sowie in Haller/Donnan (2000).

The critical focus of investigation from this point of view becomes the ethnic *boundary* that defines the group, not the cultural stuff that it encloses. The boundaries to which we must give our attention are of course social boundaries, though they may have territorial counterparts.[117]

Bei der Suche nach den Grenzen Europas geht es genau darum: Es wird versucht, für die konstruierten sozialen Grenzen um die vorgestellte Gemeinschaft Europa ‚passende' territoriale Grenzen festzulegen.

Die Bedeutung der Territorialität für die Identifikation mit einer als ‚Heimat' vorgestellten Gemeinschaft hat Ina-Maria Greverus herausgearbeitet und dabei festgestellt, dass das von ihr als territorial bezeichnete Verhalten des Menschen sich neben einem ‚Friedensraum' und einem ‚Aktionsraum' auch einen ‚Identitätsraum' schafft.[118] Dieser Identitätsraum entstehe durch Abgrenzung, und so

> würde der geographische Raum, als Begrenzung der Lebenswelt, noch keine Rolle als Wert spielen, solange nicht durch die *Konfrontierung mit anderen Lebenswelten* in ihrer auch räumlichen Begrenzung eine Identifizierung der eigenen Lebenswelt mit einem bestimmten Raum, eben mit einem begrenzten Handlungsraum, statthat.[119]

3.2.2   Das Andere

Diese Überlegungen weisen auf den bedeutsamen Umstand hin, dass Gemeinschaften und auf sie bezogene Identitäten nicht nur durch ‚frei schwebende' Abgrenzungen konstruiert werden, sondern dass diese Konstruktionen eines ‚Selbst' vor allem in Abgrenzung zu etwas Anderem geschehen: A ist A, weil A nicht B ist. Dass die Identifikation mit einem Selbst des Bewusstseins bedarf, dass vom Selbst unterschieden auch ein ‚Nicht-Selbst', ein ‚Anderes' existiere, ist nicht immer so gesehen worden. Diese inzwischen weitgehend überholte Ansicht, dass das Selbst ein Bewusstsein von sich sozusagen im ‚luftleeren Raum' habe, bezeichnet Michail Bachtin als „epistemologism"[120] und führt dazu aus:

---

117   Barth (1970a:15).
118   Greverus (1972:53). Vgl. zudem Schippers (1999) über die Bedeutung räumlicher Darstellungen von durch Grenzen umgebenen Territorien in Karten.
119   Greverus (1972:53); Hervorhebung M.V.
120   Bachtin zitiert in Neumann (1999:12).

Everything this consciousness deals with must be determined by itself alone: any determinateness must be derived from itself and any determination of an object must be performed by itself. In this sense, epistemological consciousness cannot have another consciousness outside itself, cannot enter into relation with another consciousness, one that is autonomous and distinct from it.[121]

In einer sozialen Welt, in der nicht nur ein einziges Selbst und nicht nur eine einzige grenzenlose Gemeinschaft bestehen, ist jedoch schwer vorstellbar, dass diese kein Bewusstsein von einem Anderen hätten, mit dem sie sich vergleichen würden.[122] Und so betonte Bachtin auch, dass ohne das Andere

the subject actually cannot know either itself or the world because meaning is created in discourse, where consciousnesses meet. [...] Bakhtin thus [asserted] that the other has the status of an epistemological as well as an ontological necessity.[123]

---

121   Bachtin zitiert in Neumann (1999:13).

122   Vgl. ausführlich Lehmann (2005:14), für den aus der „anthropologischen Qualität des Vergleichens folgt, dass der Vergleich ein Genre des Denkens und Redens ist, das bereits vor den kulturanthropologischen Disziplinen und ihren Erklärungsbedürfnissen existierte." Vgl. des Weiteren Gerndt (1972) zur „Bedeutung des Vergleichs in der volkskundlichen Methodik".

123   Neumann (1999:13). In Bachtins Formulierung (zitiert in Todorov (1984:94)): „I cannot perceive myself in my external aspect, feel that it encompasses me and gives me expression. [...] In this sense, one can speak of the absolute aesthetic need of man for the other, for the other's activity of seeing, holding, putting together and unifying, which alone can bring into being the externally finished personality; if someone else does not do it, this personality will have no existence". Bachtin (zitiert in Todorov (1984:95)) führt dies auf frühkindliche Erfahrungen zurück: „All that touches me comes to my consciousness – beginning with my name – from the outside world, passing through the mouths of others (from the mother, etc.), with their intonation, their affective tonality, and their values. At first I am conscious of myself only through others: they give me the words, the forms, and the tonality that constitute my first image of myself. [...] Just as the body is initially formed in the womb of the mother (in her body), so human consciousness awakens surrounded by the consciousness of others". Somit wird durch den ersten Bezug zum Anderen die Umwelt des Menschen zu einer sozialen Lebenswelt, in der er zwischen den anderen einen Platz für sich selbst sucht. Umgekehrt wiederum sind erst durch das Wissen um das Selbst auch Aussagen über das Andere möglich (vgl. Lehmann (2005: 15f.)). – Das Eigene und das Fremde sind auf diese Weise in ständigem Dialog untrennbar miteinander verbunden, und es wird deutlich, warum es auch für die volkskundlich-kulturwissenschaftliche Forschung schwierig wäre, Eigenes und Fremdes nicht in Relation zueinander zu betrachten, und warum eine strikte Trennung zwischen einer ‚Wissenschaft vom Eigenen' und von einer ‚Wissenschaft vom Fremden' so problematisch wäre.

Dabei ist das Verhältnis zwischen dem Selbst und dem Anderen nach Tzvetan Todorov nicht nur eindimensional zu betrachten, sondern entlang dreier
Achsen[124]: Entlang einer axiologischen Achse stehen die Wertungen im Mittelpunkt, die beim Vergleich zwischen Selbst und Anderem zum Ausdruck
kommen; entlang einer praxeologischen Achse geht es darum, ob und in welcher Richtung sich Selbst und Anderes annähern oder voneinander entfernen; sowie entlang einer epistemologischen Achse, die sich um das Wissen
dreht, das bei der Vorstellung von Selbst und Anderem besteht. Todorov hat
dies folgendermaßen formuliert und ausgeführt:

> Pour rendre compte des différences existant dans le réel, il faut distinguer entre au
> moins trois axes, sur lesquels on peut situer la problématique de l'altérité. C'est
> premièrement un jugement de valeur (un plan axiologique): l'autre est bon ou
> mauvais, je l'aime ou je ne l'aime pas, ou, comme on dit plutôt à l'époque, il est
> mon égal ou il m'est inférieur (car il va de soi, la plupart du temps, que je suis bon,
> et que je m'estime...). Il y a, deuxièmement, l'action de rapprochement ou d'éloi-
> gnement par rapport à l'autre (un plan praxéologique): j'embrasse les valeurs de
> l'autre, je m'identifie à lui; ou bien j'assimile l'autre à moi, je lui impose ma propre
> image; entre la soumission à l'autre et la soumission de l'autre il y a aussi un troi-
> sième terme, qui est la neutralité, ou indifférence. Troisièmement, je connais ou
> j'ignore l'identité de l'autre (ce serait le plan épistémologique); il n'y a évidemment
> ici aucun absolu mais une gradation infinie entre les états de connaissance moin-
> dres ou plus élevés.[125]

Dieses Verhältnis ist außerdem, darauf hat Iver Neumann hingewiesen, nicht
dialektisch aufzufassen, wie es in den Sozialwissenschaften seit Karl Marx'

---

124   Todorov spricht in der im Folgenden zitierten Passage von Achsen und Ebenen. Da
      ich den Begriff der Ebene in dieser Arbeit bereits in anderem Zusammenhang ver-
      wende, benutze ich für Todorovs Konzept den Begriff der Achse.
125   Todorov (1982:191). Übersetzung M.V.: „Um sich der Unterschiede bewusst zu
      werden, die in der Wirklichkeit existieren, muss man zwischen mindestens drei
      Achsen unterscheiden, auf denen man die Problematik der Alterität verorten kann.
      Dies ist zunächst ein Werturteil (eine axiologische Ebene): das Andere ist gut oder
      schlecht, ich liebe es oder liebe es nicht, oder, wie man seinerzeit sagte, er ist mir
      ebenbürtig oder untergeordnet (denn es versteht sich meistens von selbst, dass ich
      gut bin und mich wertschätze...). Zweitens gibt es eine Aktion der Annäherung an
      und eine der Distanzierung vom Anderen (eine praxeologische Ebene): ich über-
      nehme die Werte des Anderen, ich identifiziere mich mit ihm; beziehungsweise ich
      gleiche das Andere an mich an, ich erlege ihm mein eigenes Bild auf; zwischen der
      Unterordnung unter das Andere und der Unterordnung des Anderen gibt es noch
      den dritten Begriff der Neutralität oder Gleichgültigkeit. Drittens kenne ich die Identi-
      tät des Anderen oder ich kenne sie nicht (das wäre die epistemologische Ebene);
      hier gibt es offensichtlich nichts Absolutes sondern eine endlose Abstufung zwi-
      schen den Zuständen des mehr oder weniger guten Kennens."

Arbeiten über Selbstentfremdung üblich war, sondern dialogisch.[126] Der Gedanke ist verständlich, da das Selbst in Abgrenzung zu etwas Anderem besteht, und eine Abgrenzung des Selbst vom Anderen schließlich keine dialek-
tische Synthese in einen dritten Zustand zuließe, ohne dass mit dessen Herausbildung das Selbst aufhören würde, als eben dieses Selbst zu existieren.
Neumann zitiert dazu Julia Kristeva, die wie folgt argumentiert:

> The notion of dialogism, which owed much to Hegel, must not be confused with
> Hegel's dialectics, based on a triad and thus on struggle and projection (a move-
> ment of transcendence), which does not transgress the Aristotelian tradition foun-
> ded on substance and causality. Dialogism replaces these concepts by absorbing
> them within the concept of relation. It does not strive towards transcendence but
> rather towards harmony, all the while implying an idea of rupture (of opposition and
> analogy) as a modality of transformation.[127]

So kommt Neumann zu dem Schluss: „As Kristeva stressed, by doing away
with the totalizing belief in progress inherent in dialectics, dialogism definitely
offered itself as an alternative path along which to theorize identity"[128]. Aus
den Überlegungen von Bachtin, Todorov und Kristeva folgt, dass die Identität
einer als begrenzt vorgestellten Gemeinschaft nur mit dem Bewusstsein konstruiert werden kann, dass hinter den Grenzen des Selbst etwas Anderes
existiert. Die Konstruktion der eigenen Identität erfolgt deshalb gegenüber
fremden Identitäten durch die entlang verschiedener Achsen stattfindende
Abgrenzung des Selbst vom Anderen.[129]

---

126 Neumann (1999:3).
127 Kristeva zitiert in Neumann (1999:14).
128 Neumann (1999:14). Das heiß nicht, dass sich Identitäten nicht verändern würden,
     jedoch wird bei ihrer Konstruktion das Verhältnis zum dialogischen Anderen als re-
     lativ stabil vorgestellt.
129 Vgl. in diesem Zusammenhang auch die drei folgenden, jeweils andere Schwer-
     punkte setzenden, weiterführenden Überlegungen: zum Fremden im Eigenen in
     Simmels (1968:509-512, hier 509) „Exkurs über den Fremden", der dort nicht ver-
     standen wird „als der Wandernde, der heute kommt und morgen geht, sondern als
     der, der heute kommt und morgen bleibt [...]. Der Fremde ist ein Element der Grup-
     pe selbst [...], dessen immanente und Gliedstellung zugleich ein Außerhalb und
     Gegenüber einschließt"; über das Fremdheitserlebnis bei Greverus (1972:56-65,
     hier 58), die formuliert: „Wird der Fremde [...] nicht als Gefährdung des territorialen
     Gruppenkonsensus sondern nur als ein Durchziehender empfunden, so ist er zwar
     Auslöser einer Reflexion über Fremdverhalten, aber nicht über das Eigenverhalten";
     sowie über die „spezifisch politische Unterscheidung [...] von Freund und Feind" bei
     Schmitt (2002:26-28, hier 26f.), der über den politischen Feind schreibt, er „braucht
     nicht moralisch böse, er braucht nicht ästhetisch häßlich zu sein; er muß nicht als

Meines Erachtens definieren sich dabei Identitäten, wie auch die Gemeinschaften und Territorien, auf die sie sich beziehen, immer zugleich nach zwei
Seiten gerichtet: nach außen (exkludierende Unterschiede) *und* nach innen
(inkludierende Gemeinsamkeiten).[130] Das eine ist dabei nicht vom anderen
losgelöst zu denken, denn eine Abgrenzung nach außen funktioniert nur auf
der Grundlage einer Vorstellung von Gemeinsamkeiten im Inneren. Und genauso besteht eine Gemeinschaft nicht nur durch das Teilen von Gemeinsamkeiten, denn diese wirken erst durch die Vorstellung verbindend, dass sie
von anderen nicht geteilt werden. Woran aber wird nun fest gemacht, was als
trennend und was als verbindend vorgestellt wird?

Bei der Untersuchung von Identitätskonstruktionen bedarf es, wie oben erläutert, der Abgrenzung von auf einer Ebene miteinander vergleichbaren Gemeinschaften. Barth formuliert, dass diese „[o]pposed parties thus tend to become structurally similar, and differentiated only by a few clear diacritica."[131]
‚Diakritika' versteht Barth als „overt signals of identity which persons will refer
to as criteria of classification"[132], und in den Worten Neumanns sind sie die
„boundary markers of identity"[133]. Welche Diakritika zur Unterscheidung zwischen Gemeinschaften verwendet werden, mag dabei einer gewissen Re-
gelmäßigkeit unterliegen, so dass es meist Sprache, Religion, Kultur, Ethnos
und andere sind, auf die als Unterscheidungsmerkmale Bezug genommen
wird. Letztlich gibt es jedoch keine Einschränkung für das, was als relevantes
Diakritikum fungieren kann.[134]

---

wirtschaftlicher Konkurrent auftreten, und es kann vielleicht sogar vorteilhaft scheinen, mit ihm Geschäfte zu machen. Er ist eben der andere, der Fremde, und es ge-
nügt zu seinem Wesen, daß er in einem besonders intensiven Sinne existenziell
etwas anderes und Fremdes ist, so daß im extremen Fall Konflikte mit ihm möglich
sind".

130 In Arbeiten über ‚europäische Identität' wird häufig nur ein Aspekt genauer untersucht, weshalb der Eindruck entsteht, Identität ließe sich nach außen *oder* nach innen definieren. Diese Sichtweise greift aber zu kurz.

131 Barth (1970a:35).

132 Barth (1970b:131).

133 Neumann (1999:4).

134 Vgl. Neumann (1999:6), demzufolge beispielsweise „song festivals were among the
key diacritica when the Baltic states inscribed their collective identities with ever
more political meaning; in this case, human collectives actually sang themselves
toward sovereignty."

Wie oben an den Ausführungen Andersons deutlich wurde, spielen Diakritika im Gegensatz zum Vorstellungshorizont der Menschen nicht die entscheidende Rolle für die Herausbildung von Gemeinschaften und sich auf sie beziehenden Identitäten – auch wenn dies *anhand* bestimmter Diakritika geschieht – da sie nicht als Tatsachen bestehen, sondern vorgestellt und konstruiert werden. In Barths Worten:

> Socially relevant factors alone become diagnostic for membership, not the overt, „objective" differences which are generated by other factors. It makes no difference how dissimilar members may be in their overt behaviour – if they say they are A, in contrast to another cognate category B, they are willing to be treated and let their own behaviour be interpreted and judged as A's and not as B's; in other words, they declare their allegiance to the shared culture of A's.[135]

3.2.3 Narrative Identitäten

Die Formulierung „if they *say* they are A"[136] weist auf eine Erklärung hin, mit welcher Motivation kollektive Identitäten konstruiert werden. Diese führt Erik Ringmar in seiner ‚narrative theory of action' als Gegenmodell zu rein rationalistischen Erklärungsansätzen aus. Von zentraler Bedeutung für seine Überlegungen sind ‚konstitutive Narrationen', die Akteure für die Konstruktion eigener und fremder Identitäten erzählen.[137] So formuliert er mit Bezug auf den von Paul Ricœur entlehnten Begriff der Metapher:

> An actor is not what a person or group ‚really is' since actors exist only in the narratives they tell about themselves or that are told about them. Actors exist in stories and nowhere else, and stories are governed by narratological, not ontological, requirements. [...] We can never come up with a conclusive answer to the question of what we – or anyone else for that matter – ‚really are', but this does not for a mo-

---

135   Barth (1970a:15).
136   Barth (1970a:15; wie Fn. 135); Hervorhebung M.V.
137   Ringmars Beispiel ist der Eintritt Schwedens in den Dreißigjährigen Krieg, der aus rationalistischer Sicht ‚rational' nicht zu erklären ist. Ringmar zeigt, dass es der schwedischen Führung um die bisher verweigerte Anerkennung ihrer Nation unter den europäischen Mächten ging. Den Eintritt Schwedens in den Krieg interpretiert er als einen Kampf um Anerkennung, der der Durchsetzung der eigenen Narrationen und somit der Behauptung der eigenen Identität dient. Krieg, um dessen Erklärung es Ringmar geht, ist der letzte Ausweg, wenn es um die Anerkennung der eigenen Identität geht. Dass es für diese sogar zum Krieg kommen kann, zeigt wiederum die Bedeutung, die der Formulierung von Narrationen über das Selbst und der Konstruktion einer eigenen Identität zukommt.

ment stop us talking about what we or others *are like*. What we take ourselves to be is [...] a question of what metaphors we apply to ourselves.[138]

Die konstitutiven Narrationen konstruieren für das Selbst und die Anderen eine ,Präsenz' in Raum und Zeit, die das Sein über ein Hier und Jetzt hinaus ausdehnt und so verankert[139]. Eine Präsenz wird vor allem in einen Zusammenhang von Vergangenheit und Zukunft gestellt und durch die Verbindung mit einem Anfang[140] und nachfolgenden Szenen einer Erzählung mit Bedeutung aufgeladen:

> We characteristically begin the telling by locating an origin in time. [...] As societies we may describe the founding of the nation through the glorious acts of a hero king (,the founding fathers') or perhaps by retracing our origin to the relations obtaining in a pre-social, pre-political, condition (,the state of nature'). From this beginning the story develops chapter by chapter. [...] [We make] divisions as we identify important historical turning-points such as wars (,the *ante-bellum* south', ,the post-Cold War era') or major discoveries and inventions (,pre-Columbian America', ,the computer age'). Similarly we project our stories into the future [...] [and look] to all the progress, development and prosperity it will bring.[141]

Des Weiteren bedarf das Selbst einer Verortung im Raum an einem Ort beziehungsweise in einem Territorium, das von allen anderen unterschieden wird und somit eine Abgrenzung zu den Anderen ermöglicht. Schließlich erfordert das Erzählen der Narrationen – da, wie Bachtin zeigt, ein Bewusstsein von sich selbst nicht aus sich allein heraus entstehen kann – eines Publikums, an das diese gerichtet werden, und dessen Anerkennung durch das Erzählen eingefordert wird. Es geht hierbei häufig um ein Publikum, das man selber respektiert und von dem man wiederum auch anerkannt werden möchte. Ringmar zeigt, dass die Anerkennung von entscheidender Bedeutung ist, denn es ist sie, um deretwillen Narrationen über Gemeinschaften und Identitäten letztlich konstruiert und erzählt werden. Daraus folgt:

---

138   Ringmar (1996:75).
139   Vgl. hierzu auch Frykman/Niedermüller (2002:3): „What is considered as European increasingly takes on the illusion of an Imagined Community, and as such constantly seeks to be anchored to a place of safety."
140   Dieses Bedürfnis nach einem dem Heute innewohnenden Anfang ist in der volkskundlich-kulturwissenschaftlichen Forschung in anderem Zusammenhange gut bekannt. Vgl. hierzu Köstlin (1995:259): „Lust aufs Ganze? Volkskulturforschung in der Moderne hat davon auszugehen, daß gegenwärtige Phänomene nicht ohne historisierende Begründung auskommen wollen. Der Rekurs auf historische Volkskultur wird zum Bestandteil heutiger Legitimität."
141   Ringmar (1996:77).

Which stories we can tell and what persons we can become is not given by the limits of our imagination, but depends instead ultimately on the *validity* of the descriptions we come up with. [...] Only if they [= our audiences, M.V.] affirm the validity of the description have we survived the test; *only as recognised can we conclusively come to establish a certain identity.*[142]

Anerkannte Identitäten wandeln sich nur noch selten, so „that identities have been taken for granted since they generally *can be* taken for granted."[143] In ‚formativen Phasen'[144] eröffnen sich jedoch Möglichkeiten, dem Publikum andere Sichtweisen auf die Welt anzubieten: Dann können sich die verwendeten Metaphern und Narrationen verändern, alte können durch neue abgelöst werden oder nebeneinander existieren. Einmal etabliert sitzen die Narrationen allerdings fest in den Köpfen und werden immer wieder weitererzählt, „sie wirken, und sie prägen die Sicht".[145] Formative Phasen werden deshalb auch von großen Debatten und Initiativen zur Unterstützung der jeweiligen Narrationen bestimmt, sie sind dadurch meist zugleich auch „periods of symbolic hyper-inflation – times when new emblems, flags, dress codes, songs, *fêtes* and rituals are continuously invented."[146]

Betrachten wir – gerade auch mit volkskundlich-kulturwissenschaftlichen Methoden – die große Anzahl an symbolischen Initiativen, die in den letzten Jahrzehnten im Zuge von ‚europäischem Einigungsprozess', ‚Vergemeinschaftung' und ‚Unionisierung' nicht nur nach innen eingesetzt werden, um das Bewusstsein einer ‚europäischen Identität' zu erhöhen, sondern immer mehr auch in den Staaten Verwendung finden, die sich von außen um einen Beitritt zur EU bemühen,[147] so liegt der Schluss nahe, dass es sich hier um eine formative Phase handelt bzw., dass versucht wird, eine solche zu schaffen. Ein Blick weiter zurück in frühere Narrationen kann jedoch zeigen, dass das, was in den diversen Narrationen unter Europa verstanden wird respektive verstanden werden soll, Veränderungen erfährt und ‚umerzählt' wird.

---

142 Ringmar (1996:80f.).
143 Ringmar (1996:83).
144 ‚Phase' ist für Ringmar ein recht dehnbarer Begriff; für Schweden nennt er etwa die Zeit von 1520 bis 1630.
145 So beschreibt Dülffer (2005:19) den Einfluss der „Meistererzählungen".
146 Ringmar (1996:85).
147 Vgl. als Beispiel die Verwendung von EU-Flaggen in Georgien (Viëtor (2004:103)) oder in der Ukraine (Hryaban (2005)).

Deshalb müssen wir vielmehr von einer Vielzahl von ‚formativen Phasen' sprechen oder noch adäquater: von einer grundsätzlich ‚formativen Geschichte' Europas und somit auch ‚europäischer Identität', in der die Narrationen immer wieder verändert und mitunter in Konkurrenz zueinander erzählt wurden und werden. Wenn wir ‚Europa' somit als narratives Konstrukt auffassen, dann sind Europa und ‚europäische Identität' nicht einfach da, sondern werden in Abgrenzung von wechselnden und verändert vorgestellten ‚Nicht-Europas' immer wieder aufs Neue und dabei auch manchmal neu ‚gemacht'[148].

3.2.4   Europa – Nicht-Europa

Den oben dargestellten theoretischen Überlegungen folgend bedeutet Identität die kollektive Identifikation mit einem als begrenzt vorgestellten Selbst (eigene Gemeinschaft, eigenes Territorium, oder ähnliches) durch die entlang verschiedener Achsen stattfindende Abgrenzung von einem oder mehreren vergleichbaren Anderen anhand bestimmter Unterscheidungsmerkmale (Diakritika). Identität lässt sich dabei am besten durch eine Betrachtung der mit dem Ziel der Anerkennung erzählten Narrationen untersuchen, die das Selbst und die Anderen in Raum und Zeit verankern sollen. Bei einer Auseinandersetzung mit ‚europäischer Identität' geht es deshalb um die Untersuchung von Narrationen, die von einem Europa erzählen, das in Abgrenzung von Nicht-Europa vorgestellt wird.

Dabei gibt es eine ganze Reihe von nicht-europäischen Anderen, die betrachtet werden könnten, von denen jedoch einige, wie beispielsweise ‚China' oder ‚Japan', seltener in den Narrationen über Europa thematisiert werden. Um Aufschlüsse über die Konstruktion von Europa zu erhalten, bieten sich deshalb eher solche Andere an, die durch ihre räumlich und historisch größere Nähe zu und Kontakt mit Europa stärkeren Eingang in die Europa-Narrationen gefunden haben. Seit nach dem Ende des Ost-West-Konflikts neben Gemeinsamkeiten vermehrt auch Differenzen wahrgenommen werden, kommen zwar auch ‚die USA' als ein Europa nahes Anderes in Be-

---

148   Vgl. die Formulierung „Räume sind nicht, Räume werden gemacht" von Schultz (1997) über die Konstruktion geographischer Räume.

tracht.[149] Traditionell sind es aber vor allem im Osten von Europa gelegene Räume, wie ‚Asien', ‚der Orient' oder ‚der Osten', gegen die Europa abgegrenzt wird. Exemplarisch wird daher im dritten Teil dieser Arbeit an Narrationen über das Verhältnis von Europa und Russland sowie von Mittel- und Osteuropa betrachtet, wie Europa anhand verschiedener Diakritika als unterschiedlich nach Osten begrenzt vorgestellt wurde und wird, um so ‚europäische Identität' zu konstruieren.

Aktuelle Erzählungen sowie ‚Umerzählungen' von dem, was Europa und somit schließlich auch ‚europäische Identität' sei, sind dabei nicht zu verstehen, ohne die Vorstellungen über die Gemeinschaft Europa, die Anderen und die Diakritika, über Metaphern, Zuschreibungen und Abgrenzungen zu beachten, die im ganzen Verlaufe einer ‚formativen Geschichte' angesammelt wurden und noch immer Verwendung finden. Um sich heute mit Europa auseinandersetzen zu können, bedarf es somit der Kenntnis dieser Vorstellungen. Deshalb werden im folgenden, dritten Teil Textquellen unterschiedlichen Alters dahingehend betrachtet, wie das Erzählen von Europa in Abgrenzung zu Nicht-Europa funktioniert, was für Narrationen und Narrationstypen zu unterscheiden sind und wie diese sich verändern.[150] Hierbei kann es nicht darum

---

149   Vgl. Fehl (2005) sowie die Äußerungen eines Mitarbeiters der Europäischen Kommission in einem Interview mit Shore/Black (1994:288): „The only time I feel European is when I'm in the USA."

150   Narrationen über das Verhältnis von Mittel- und Osteuropa setzen erstmals im 19. Jahrhundert im deutschsprachigen Raum ein, werden dann vor allem aber vor dem Fall des Eisernen Vorhangs und wieder in den letzten Jahren in ‚Mittel- und Osteuropa' erzählt. Das Verhältnis von Russland und Europa steht hingegen schon viel früher zur Debatte – grundsätzlich seit der Christianisierung Russlands und dann intensiver seit der frühen Neuzeit. – Die Erzähler der in dieser Arbeit betrachteten Narrationen waren bzw. sind meist Intellektuelle oder gehör(t)en als politische Entscheidungsträger zur Elite (vgl. Kuus (2007a:83-96) über die herausragende Rolle Intellektueller gerade für mitteleuropäische Narrationen im Vorfeld der EU- und NATO-Osterweiterungsrunde). Diese Auswahl erfolgt dabei nicht gemäß der Auffassung von Giesen (1999:137), Intellektuelle seien die „wichtigste Trägergruppe einer europäischen kulturellen Identität", sondern ist dem Umstand geschuldet, dass die Quellenlage für den Zeitraum seit der Christianisierung Russlands eine Betrachtung der Vorstellungen von Nicht-Eliten nicht erlaubt. Die Nicht-Eliten mögen in dieser Zeit vielleicht keine ‚Träger' von ‚europäischer Identität' gewesen sein, jedoch dürfte das Fehlen von gegenteiligen Zeugnissen andere Ursachen gehabt haben. Für die heutige Situation könnten qualitative Forschungen Aufschluss über das Verhältnis der Nicht-Eliten zu ‚europäischer Identität' geben.

gehen, aus vielen Narrationen eine ‚ideale' über Europa zu identifizieren, oder festzustellen, was Europa ‚tatsächlich' ist. Denn das ist schlicht nicht möglich,[151] und so ist auch die Auswahl der Textquellen weder als allumfassend noch als repräsentativ, sondern vielmehr als beispielhaft und tendenziell für Narrationen über Europa zu verstehen. Zusätzlich zu primären Textquellen über das Verhältnis von Europa und Russland sowie das von Mittel- und Osteuropa fließen auch bereits darüber erfolgte Untersuchungen ein. Da auch sie zu verschiedenen Zeiten und aus unterschiedlichen Kontexten heraus entstanden sind,[152] stellen sie in ihrer Auswahl, Zusammenstellung und Interpretation ebenso eigene Narrationen dar – wovon sich auch die vorliegende Arbeit natürlich nicht lösen kann.

---

151 Ringmar (1996:89) ist anderer Auffassung und schließt, trotzdem er den konstruktiven Charakter von Selbst und Narration betont, die Existenz eines ‚wahren Kerns' hinter der Vielzahl verschiedener Erzählungen nicht gänzlich aus. Um diesem Kern nahe zu kommen, „we must begin by gathering source material in as many places as we possibly can. In order to assess one particular story we must come to see it in the context of all other stories […]. Only when suspended in this network of narrative interactions can we hope to begin to get a grasp on the totality of the acting self which the person in question sought to construct." Konsequenterweise ist jedoch bei einer Betrachtung des Selbst als Konstruktion das Vorhandensein solch eines ‚wahren Kerns', quasi in einer Art Platon'schen Ideenwelt, nicht anzunehmen. Jede noch so ‚ungewöhnliche' Konstruktion Europas, auch wenn sie nur geringen Einfluss auf Entscheidungsträger aus Politik, Diplomatie und Bürokratie und nur wenig Relevanz in den alltagsweltlichen Vorstellungen der Menschen haben mag, ist in diesem Sinne deshalb dennoch ‚wahr'.

152 So betrachten etwa Gollwitzer (1964) oder Groh (1988) in ihren erstmals in den Jahren 1951 bzw. 1961 unter dem Eindruck der zunehmenden Teilung Europas und der Welt in einen politisch-ideologischen und sozialsystemaren Ost-West-Gegensatz entstandenen Arbeiten über die Konstruktion von Europa die geschichtliche Entwicklung der Narrationen unter gänzlich anderen Vorzeichen, als zum Beispiel Mikkeli (1998) oder Neumann (1999) dies zu einer Zeit der Überwindung eben jenes Gegensatzes im ‚europäischen Einigungsprozess' tun.

Teil III

4 Über die Narrationen

Im dritten Teil dieser Arbeit wird – anhand des Verhältnisses von Europa und Russland sowie des Verhältnisses von Mittel- und Osteuropa – dargestellt, wie in verschiedenen Narrationen Europa durch Abgrenzung nach Osten als Einheit konstruiert wurde und wird.[153] Die untersuchten Narrationen greifen vor allem auf zwei Begriffspaare zurück: ‚Europa/Asien' und ‚Westen/Osten'. Die Zuordnungen zu diesen Paaren sind, da sie aus verschiedenen historischen Kontexten heraus entstanden sind und verschiedene Unterscheidungsmerkmale in den Vordergrund stellen, nicht deckungsgleich, überlappen sich aber häufig.[154] Während ab dem 19. Jahrhundert die Kategorien ‚Westen' und

---

153 Für Neumann (1999:39) „the dominant other in the history of the European state system remains ‚the Turk'", und das zweite bedeutsame Andere zu Europa stellt für ihn Russland dar. An dieser Auffassung ist zu kritisieren, dass Russland und die Türkei jeweils nur in einem Teil der Narrationen das Andere zu Europa sind, das als eigenständige, auf einer Ebene mit Europa befindliche Einheit dargestellt wird. Unter anderen Umständen aber können sie auch Teil von Europa sein (für die Türkei, auf die in dieser Arbeit nicht weiter eingegangen wird, vgl. die Arbeit von Goody (2004)). Dann ist es ungenau, Russland und die Türkei als Europas Andere zu bezeichnen, und meines Erachtens erscheint es vielmehr angebracht zu sein, Russland und die Türkei als Schauplätze aufzufassen, an denen das Verhältnis von Europa und Asien, Okzident und Orient, Westen und Osten bestimmt und die Grenzen Europas und ‚europäische Identität' konstruiert werden. In diesem Sinne ist hingegen die Formulierung von Lewis/Wigen (1997:53) – „Europe's first other: the Orient" – zutreffend.

154 Auch das Begriffspaar ‚Okzident/Orient' dient der Abgrenzung nach Osten und kann in Verbindung mit den beiden anderen erzählt werden. Die Begriffe ‚Okzident' und ‚Orient' werden dabei aber eher bei einer Betrachtung des Verhältnisses zwischen Europa und der Türkei verwendet, während sie gegenüber Russland nur eine untergeordnete Rolle spielen. ‚Okzident' und ‚Orient' sind ebenso Kategorien, die – in Zusammenhang mit der dortigen türkischen Präsenz seit dem 14. Jahrhundert – in Erzählungen über ‚Südosteuropa' oder ‚den Balkan' verwendet werden. Vgl. hierzu weiterführend das grundlegende Werk von Said (2003) über die von ihm „Orienta-

‚Osten' an Einfluss gewannen, die auch für das Verhältnis von Mittel- und Osteuropa bedeutsam wurden, ist es zunächst das Begriffspaar ‚Europa/ Asien', an dem die Einordnung Russlands historisch festgemacht wurde.

In den folgenden Kapiteln[155] wird betrachtet, wie Russland vom Gegensatz ‚Europa/Asien' ausgehend (Kapitel 5.1) in zwei Narrationstypen entweder als Teil Europas oder als Teil Asiens vorgestellt wird. Zunächst wurde Russland entweder in ein gegen äußere Feinde vereintes christliches Europa ein- oder aus diesem ausgeschlossen (Kapitel 5.2), dann in den Narrationen der Aufklärung als entweder zum kulturell entwickelten Europa oder aber zum barbarischen Asien gehörend aufgefasst (Kapitel 5.3). Im 19. Jahrhundert kam ein dritter Narrationstypus hinzu, demzufolge Russland eine europäische und asiatische Elemente vereinigende, eigenständige Einheit zwischen Europa und Asien darstellt (Kapitel 5.4). Während westliche Europäer folglich drei Narrationstypen kannten und kennen – Russland als Teil Europas, als Teil Asiens oder auch als eine eigenständige Einheit – gab und gibt es aus russischer Perspektive hingegen zwei: Russland als Teil Europas oder als eigenständige Einheit zwischen Europa und Asien, nicht aber als Teil Asiens. Diese werden in einem Kapitel über russische Narrationen geschildert (Kapitel 5.5), bevor es wiederum aus (west-) europäischer Perspektive um die Herausbildung des Gegensatzes von Westen und Osten geht. Dieser beruht zum einen darauf, dass Europa als zwischen Amerika und Russland gelegen vorgestellt wurde (Kapitel 5.6), und zum anderen darauf, dass Russland in der (west-) europäischen Wahrnehmung und Zuordnung nach Himmelsrichtungen zunächst im Norden lag und später von dort in den Osten ‚gewandert' ist (Kapitel 5.7).

---

lism" genannte europäische Konstruktion des Orients; sowie Todorova (1997:3-20), die sich mit Bezug auf ‚den Balkan' kritisch mit Saids Ideen auseinandersetzt und das Verhältnis von und insbesondere die Unterschiede zwischen „Balkanism and Orientalism" aufzeigt.

155   Bei der Auswahl der Textquellen und der Themen für die einzelnen Kapitel, sowie hinsichtlich der Ausführlichkeit der einzelnen Ausführungen wurde ein ausgewogenes Verhältnis angestrebt. Es werden alle meiner Ansicht nach relevanten Aspekte aufgegriffen und in der gebotenen Ausführlichkeit behandelt, um die jeweiligen entscheidenden Argumente gewinnen und ausreichend untermauern zu können. Bei Interesse an ausführlicheren Darstellungen zu den einzelnen Themen sei auf die angegebene Literatur verwiesen.

Im Anschluss an die Betrachtung des Verhältnisses von Russland und Europa folgt die des Verhältnisses von Mittel- und Osteuropa, bei der insbesondere der Gegensatz von Westen und Osten sowie die Position der Mitte von Bedeutung sind. Ausgehend vom west-östlichen Gegensatz (Kapitel 6.1) wird betrachtet, wie Mitteleuropa in deutschen Narrationen als hegemoniales Konzept entstand (Kapitel 6.2). Nach dem Ersten Weltkrieg entwickelten sich auch Vorstellungen eines Mitteleuropas zwischen Deutschland und Russland, die mit den deutschen Mitteleuropakonzeptionen konkurrierten (Kapitel 6.3). Narrationen über ein Mitteleuropa verstummten während des nach dem Zweiten Weltkrieg dominierenden Ost-West-Konfliktes, wurden aber in den 1980er Jahren im damaligen sogenannten ‚Ostblock' mit emanzipatorischem Impetus gegenüber (Sowjet-) Russland vorgebracht, das in diesen Narrationen als ‚Osteuropa' und somit nicht ‚wirkliches' Europa vorgestellt wurde (Kapitel 6.4). Nach dem Fall des Eisernen Vorhangs wurden Mitteleuropa-Narrationen vor allem hinsichtlich der Aufnahme in die Europäische Union erzählt oder aber zur Abgrenzung gegenüber dem zunehmenden Einfluss des Westens (Kapitel 6.5). Bei der Zuordnung zu Mittel- oder Osteuropa wurden und werden auch bereits aus den Narrationen über das Verhältnis von Europa und Russland bekannte Auffassungen und Argumente vorgebracht. Im Gegensatz zu diesen fehlen aber den russischen Narrationen entsprechende osteuropäische, die Osteuropa als eine eigenständige und auch eigenwertige Einheit vorstellen. Nach einer Zusammenfassung über die Abgrenzungen in den Narrationen (Kapitel 7) folgt im vierten Teil der Arbeit eine Analyse dieser im dritten Teil betrachteten Narrationen, wobei zunächst einzelne Diakritika untersucht werden (Kapitel 8), dann die Abgrenzungen entlang der drei Achsen von Todorov (Kapitel 9).

5 Europa und Russland

5.1 Der Gegensatz von Europa und Asien

Es stellt sich zunächst die Frage, wie sich eine Vorstellung von einem von Asien abgegrenzten Europa entwickelte. Wie Ringmar über konstitutive Narrationen formulierte, „[w]e characteristically begin the telling by locating an origin in time."[156] Dabei wird der Ursprung des Europabegriffes fast immer im antiken Griechenland verortet.[157] Vom mythologischen Kontext[158] abgesehen kann die Unterscheidung zwischen Europa und Asien auf die geographischen Vorstellungen antiker griechischer Seefahrer zurückgeführt werden, die die ihnen damals bekannte Welt in Kontinente aufteilten.[159] Die Abgrenzung zwischen Europa und Asien wurde entlang von Wasserwegen vorgenommen und führte von der Ägäis ausgehend über den Bosporus und durch das Schwarze und Asowsche Meer hin zum Fluss Don, welcher als direkte und kurze Verbindung zum nördlichen Eismeer gedacht wurde.[160] Nach einer Zeit der Zweiteilung in Europa und Asien folgte eine Dreiteilung in Europa, Asien

---

156 Ringmar (1996:77).
157 Vgl. Mikkeli (1998:3) als Beispiel unter vielen. Auf die Antike wird dabei Bezug genommen, da sie den frühesten wesentlichen Bezugspunkt für den Begriff ‚Europa' in Narrationen darstellt. Vgl. ausführlich Schultz (2003:230f.) über ungesicherte Herleitungen von einem älteren semitisch-sprachigen Wort ‚ereb' mit einer Bedeutung ‚dunkel' bzw. ‚Land der untergehenden Sonne' (respektive einem Wort ‚asu' mit einer Bedeutung ‚hell' bzw. ‚Land der aufgehenden Sonne' für Asien), welche jedoch im Vergleich keinen nennenswerten Einfluss auf den Umgang mit dem Begriff Europa haben. Über weitere Herleitungen vgl. zusammenfassend Lewis/Wigen (1997:214f.).
158 Der bekannteste mythologische Ursprung Europas ist die homerische Sage über die vom stiergestalteten Göttervater Zeus entführte phönizische Königstochter. Die Vorstellung einer auf einem Stier sitzenden Europa mag sich zwar als Symbol und Vorlage für Karikaturen eignen, sie bietet aber keine Integrationsfigur. Auch mit dem damaligen geographischen Europa verband die Figur der Mythologie nichts, da sie von Zeus aus Phönizien entführt und nach Kreta gebracht worden sein soll, was beides nach antiker Vorstellung Teile Asiens waren (Girardet (2001:106)).
159 Toynbee (1954:711f.) zufolge konnte die Unterscheidung zwischen Kontinenten nur aus den Erfahrungen von Seefahrern und deshalb entlang von Wasserwegen entstehen: „The distinction drawn between an Asiatic and a European continent in an Hellenic nautical nomenclature would have been equally unintelligible to the Eurasian Nomad [...] and [...] the Eurasian peasant [...]."
160 Parker (1960:278); Lewis/Wigen (1997:21).

und Libyen (Afrika), die bis zur ‚Entdeckung' der ‚Neuen Welt' allgemein anerkannt bleiben sollte.

Ab der späten Antike verbanden christliche Schriftsteller diese geographische
Dreiteilung mit der Geschichte der drei Söhne Noahs, von denen nach bibli-
scher Überlieferung alle Menschen abstammen.[161] Dadurch setzten eine Um-
deutung der klassischen Quellen sowie religiöse und kulturelle Wertungen
zwischen den Kontinenten ein, die es vorher so nicht gegeben hatte:[162] Zweifel, die manche griechischen Geographen noch an dem Sinn der Abgrenzung
der Kontinente äußerten, wichen einer normativen Festlegung,[163] und Griechenland wurde – während es sich für die Griechen der klassischen Antike
zumeist noch in einer eigenständigen Mittellage zwischen den Gebieten der
asiatischen, der afrikanischen sowie der europäischen Barbaren befunden

---

161 Vgl. ausführlich Fischer (1957:10-19). Dieser Geschichte zufolge beging Ham, dem
    Afrika zugeordnet wurde, den Frevel, seinen betrunkenen Vater nackt zu sehen,
    wohingegen seine Brüder Sem und Jafet ihn bedeckten. Noah verfluchte daraufhin
    Ham, dass seine Nachkommen den Nachkommen seiner Brüder dienen sollten.
    Dies wurde in späteren Narrationen als Begründung unter anderem dafür angeführt,
    Afrika und seine Bewohner als minderwertig aufzufassen und diese zu versklaven.
    Europa und Asien waren hingegen zunächst gleichwertig.

162 Mikkeli (1998:15); Girardet (2001:107). Wenn es etwa bei Weidenfeld (2004:18f.)
    heißt, „[b]ereits die Griechen grenzen Europa als ihr Festland geographisch wie
    normativ gegen das Land der Barbaren draußen ab", so schreibt er den antiken
    griechischen Europavorstellungen ‚normative' Wertungen zu, die erst später ent-
    standen sind.

163 Vgl. Jahn (1990:421): „Als Name für die griechische Welt verband sich der Europa-
    begriff früh mit der Realität und dem Mythos der Freiheit und des Rechts sowie der
    politischen Vielgliedrigkeit gegenüber der Wirklichkeit und dem Feindbild der persi-
    schen, orientalischen und asiatischen zentralistischen Despotie, Brutalität und Bar-
    barei [...]. Das Feindbild vom Orient und von Asien konnte jedoch auch immer wie-
    der relativiert oder zuweilen auch überwunden werden durch die Bewunderung für
    die feingliederige, differenziertere, hochentwickelte menschliche Kultur und die fein-
    sinnigen religiösen, gesellschaftlichen und politischen Sitten des Ostens, die dann
    zu anderen Zeiten wieder als dekadent wahrgenommen wurden. Das positive Ge-
    genbild zur intriganten, hierarchischen, despotischen, krankhaften, heuchlerischen,
    komplexen Kultur konnte dann das Bild der naturhaften, freiheitsliebenden, assozia-
    tiven, wenn auch immer wieder ehrlich zerstrittenen westlichen, gesunden, einfa-
    chen, naturhaften Völker und Stämme sein. Neben den orientalischen Hochkulturen
    bestimmte jedoch auch das Bild von den asiatischen Barbarenhorden ohne jegliche
    Kultur und Humanität westliche Vorstellungen vom Osten und Asien, der sich die
    europäische Kultur und Zivilisation überlegen dünkte."

hatte – in christlichen Erzählungen immer mehr zum Ausgangspunkt Europas.[164]

In anderen Narrationen wird auch das in der eigenen Rhetorik an das untergegangene (West-) Römische Reich anschließende Frankenreich als Ausgangspunkt für Europa angesehen.[165] Es bot sich als Ursprung eines späteren (EU-) ‚Kerneuropas' besonders deshalb an, da der Begriff ‚Europa' in diesem Kontext vor allem ein (wieder-) vereinigtes Reich in Abwehr gegen gemeinsame, äußere Feinde versinnbildlichte.[166] Diese äußeren Feinde waren meist nicht-christlichen Glaubens, so dass Europa im Laufe des Mittelalters auch mit der Christenheit assoziiert oder mitunter sogar gleichgesetzt wurde. Auch für das Verhältnis zwischen Europa und Russland hatten die bisher geschilderten Vorstellungen und Entwicklungen weitreichende Folgen. Einige dominierende und prägende (west-) europäische Narrationen werden im Folgenden dargestellt.[167] Dabei wechselten die Zuordnungen Russlands in christlichen und später aufklärerischen Narrationen immer wieder zwischen Europa als dem Selbst oder Asien als dem Anderen. Daran anschließend werden Narrationen über Russland als eigenständige Einheit zwischen Europa und Asien sowie Narrationen aus russischer Perspektive betrachtet, bevor schließlich nach Himmelsrichtungen erfolgende Zuordnungen ins Blickfeld rücken.

---

164 Parker (1960:278); Lewis/Wigen (1997:22f.); Mikkeli (1998:8-10). Beispielsweise wurden die bereits von Herodot im 5. Jahrhundert vor Christus geäußerten Zweifel vergessen, warum ausgerechnet der Ägypten verbindende Nil die Kontinente Asien und Afrika, oder warum der fast unbekannte Don Europa und Asien trennen sollte.

165 Vgl. als Beispiel Gollwitzer (1964:27): „Unter dem Frankenherrscher […] haben sich – spätestens – alle Quellflüsse des Abendlandes zu einem großen Strom vereint. Die lange Zeit der Vorbereitung ist abgeschlossen. Antike Überlieferung, Germanentum und Christentum haben eine erste Synthese gefunden, und mag auch vieles vorerst ungeschlacht und dürftig erscheinen – das neue Haus [= Europa, M.V.] ist im Rohbau fertig." Zum Gebrauch des Europabegriffes zur Zeit des Frankenreiches vgl. ausführlich Fischer (1957).

166 „The term ‚Europe' was used in the Middle Ages more or less arbitrarily, but generally to drum up a feeling of solidarity in the face of a common threat" (Mikkeli (1998:18)). Als äußere Feinde dienten unter anderem die Araber, Wikinger und Ungarn, und später die Seldschuken, Mongolen und Türken.

167 Eine solche Schilderung muss unvollständig bleiben, in dieser Arbeit kann nur ein Überblick über die wichtigsten Positionen und Entwicklungen gegeben werden. Für eine ausführliche – dabei selbst auch zur Narration werdende – Darstellung „Russland[s] im Blick Europas" sei vor allem auf Groh (1988) verwiesen.

64   MARCEL VIËTOR

5.2   Gegen äußere Feinde – das Europa der Christenheit

Als der Kiewer Fürst Vladimir I. im Jahr 988 sich und seine Untertanen taufen
ließ, um durch die Hochzeit mit einer byzantinischen Prinzessin eine Verbindung zum oströmischen Kaiserhaus herstellen zu können, begann Russlands
Zugehörigkeit zum „Kreis der feudalen christlichen Reiche Europas".[168] Unterschiedliche Entwicklungen in der christlichen Kirche machten jedoch – spätestens mit der Teilung in einen westlich-römischen und einen östlich-byzanti-
nischen Zweig im Schisma von 1054 – Diskrepanzen zwischen den Vorstellungen einer Einheit von Europa und Christenheit deutlich. Eine (west-) euro-
päisch-christliche Einheit konnte allerdings dadurch behauptet werden, dass
die Orthodoxen als Schismatiker und Feinde der ‚wahren', katholischen
Christen aus Europa ausgeschlossen wurden.[169] Die Kiewer Rus' und die ihr
nachfolgenden russischen Fürstentümer gehörten somit zu jenem Teil der
Christenheit, der nach der Kirchenspaltung aus westlicher Sichtweise aus Europa herausfiel. Im Zuge der Eroberung durch mongolische Heere – ihr unbe-
siegt abgebrochener Europafeldzug hinterließ dabei einen bleibenden Eindruck – und der von etwa 1237-1480 dauernden Herrschaft der Nachfolger
Dschingis Khans verschwanden die russischen Fürstentümer darüber hinaus
auch aus dem Blickfeld der (west-) europäischen Staaten.[170]

---

168   Nolte (1998:27). Das „Europäische Zeitalter" beginnt für Halecki (1957:34f.) mit der
      Christianisierung der Polen, Russen und Ungarn gegen Ende des 10. Jahrhunderts:
      „Mit Ausnahme der baltischen Völker, die aber bereits Ziel missionarischer Tätigkeit
      waren, war endlich der Großteil des geographischen Europa und waren alle Völker
      der europäischen Rasse in einer Kultur geeint, deren Mannigfaltigkeit nur ihre Vitali-
      tät steigerte."
169   Dabei kann wie bei Gollwitzer (1964:26) in einer Europakonstruktionen selbst der
      nach innen spaltende Machtkampf zwischen Papst und Kaiser um die kirchliche
      oder weltliche Vorherrschaft als Einheit stiftend vorgestellt werden: „Ferner hat die
      Spannung zwischen imperium und sacerdotium, zwischen Staat und Kirche nie
      aufgehört, unseren Kulturkreis zu bestimmen, während der Osten eine andere Lö-
      sung dieses Verhältnisses fand."
170   Klug (1987:268). In den Narrationen wird jedoch meist übersehen oder wenig be-
      achtet, dass einige nordrussische Städte – mit Nowgorod auch die nach Kiew
      zweitgrößte Stadt der Rus' – nicht unter mongolische Herrschaft gerieten und von
      (West-) Europa abgeschnitten wurden, sondern vielfältige Handelsbeziehungen im
      Ostseeraum unter anderem zur Hanse unterhielten und erst Ende des 15. Jahrhun-
      derts vom aufstrebenden Moskauer Großfürstentum unterworfen wurden. Diese
      Städte werden in den Erzählungen wohl auch deshalb kaum erwähnt, da sie als

Im 15. Jahrhundert begannen die Moskauer Großfürsten ihre Herrschaft im sogenannten ‚Sammeln der Länder der Rus" auszudehnen und schließlich das ‚Tataro-Mongolische Joch'[171] abzuschütteln, wodurch sie erneut ins westliche Bewusstsein rückten.[172] Russland wurde dadurch aus (west-) europäischer Sicht geradezu ‚entdeckt', was in einer Zeit weiterer europäischer Entdeckungen in Amerika, Afrika und Asien den Rahmen für die Entwicklung der westlichen Narrationen über Russland bildete.[173] Diese Entdeckungssituation konnte in verschiedenen Kontexten entweder als Neuentdeckung bisher unbekannter Barbaren oder aber als Wiederentdeckung eines verloren gegangenen christlich-europäischen Staates betrachtet werden.

Die Einnahme Konstantinopels 1453 durch das muslimische Osmanische Reich beförderte zu der Zeit einmal mehr das Bedürfnis nach einem gegen einen äußeren Feind vereinigten, christlichen Europa. Enea Silvio Piccolomini – der spätere Papst Pius II., von dem erzählt wird, „er sorgte wie kein anderer für die Verbreitung der Begriffe ‚Europa', ‚Europäer' und ‚europäisch'"[174], und

---

frühdemokratische Stadtrepubliken nicht in das Bild vom despotisch-zentralistisch geprägten Russland passen (Nolte 1998:49-51). Dadurch kommt es zu Feststellungen wie der von Simon (1999:1096): „Insgesamt ist festzuhalten, daß die Moskauer russische Staatsbildung seit dem späten Mittelalter spezifische Züge trug, die sie von der alteuropäischen Welt unterschieden. Diese Besonderheiten blieben erhalten, als Rußland sich nach dem Ende der Tatarenherrschaft allmählich für Europa öffnete, von dem es für mehr als zweihundert Jahre fast vollständig isoliert gewesen war. So bildete sich in Rußland eine spezifische politische Kultur aus, gekennzeichnet durch eine starke autokratische Spitze und schwache intermediäre Institutionen der Gesellschaft, die keine Autonomie gegenüber dem Herrscher zu erlangen vermochten."

171 Auf Russische heißt es ‚Tatarskoe igo', überhaupt ist ‚tatarisch' hier wie im Folgenden als mit ‚mongolisch' meist gleichbedeutend zu sehen.

172 „Die neue Stellung Moskaus wurde bestätigt, als Iwan III. 1472 die letzte byzantinische Prinzessin Zoe heiratete – er übernahm den byzantinischen Titel *Autokrator*, also ‚Selbstherrscher', und bezog ihn auf ‚ganz Rußland'. [...] Allerdings erkannte man im Westen – und besonders in Polen/Litauen, zu dem ja große Teile der Kiewer Rus gehörten [...] – die neuen Titel nicht an und nannte die neue Macht im Osten weiter ‚Moskowien'" (Nolte (1998:58f.)). Die Anerkennung als ‚Russland' erfolgte erst unter der Regierung Peters I. (Groh (1988:57f.)). In der vorliegenden Arbeit wird aber auch für diese Zeit der Name ‚Russland' verwendet.

173 Klug (1987:268f.). Vgl. als Beispiel für die Entdeckungssituation Amerikas Todorovs (1982) Arbeit über die Begegnung ‚der Spanier' mit ‚den Indianern' und ihre Konstruktion der Indianer als Andere.

174 Klug (1987:270).

der als erster ‚Europa' in ein Adjektiv verwandelte und von ‚den Europäern' zu sprechen begann[175] – sah den Fall Konstantinopels als gegen Europa und die Christenheit selbst gerichtet an:

> Wenn wir die Wahrheit gestehen wollen, hat die Christenheit seit vielen Jahrhunderten keine größere Schmach erlebt als jetzt. Denn in früheren Zeiten sind wir nur in Asien und Afrika, also in fremden Ländern geschlagen worden, jetzt aber wurden wir in Europa, also in unserem Vaterland, in unserem eigenen Haus, an unserem eigenen Wohnsitz aufs schwerste getroffen.[176]

Zum christlichen Europa rechnete er, um Unterstützung gegen die Osmanen suchend, auch die orthodoxen russischen Fürstentümer,[177] wobei die Rolle der Religion für diese Zuordnung von zwiespältiger Bedeutung war: Einerseits brachte die Vorstellung einer geeinten Christenheit Russland mit den anderen christlichen Mächten zusammen in eine Front gegen das Osmanische Reich, andererseits aber konnte das schismatische Russland etwa auch in ‚innerchristlichen' Konflikten zum Bündnispartner der katholischen Habsburger gegen die ebenfalls katholischen Polen-Litauer werden.[178]

Das konfliktreiche Verhältnis des Moskauer Staates zu seinen Nachbarn im Westen sorgte zudem dafür, dass „die These vom ‚asiatischen' Rußland um das Jahr 1500 in dem mit Moskau verfeindeten Nachbarstaat Polen [entstand]", also noch bevor Russland durch die Eroberung der muslimischen und jenseits des Don gelegenen Khanate Kazan' und Astrachan' „nach der zeitgenössischen wissenschaftlichen Lehre im Westen zu einem teils auch nach Asien ausgreifenden Staat" wurde.[179] In diesem Zusammenhang konnte die in den Kämpfen gegen das Osmanische Reich bereits entwickelte Vorstellung von Polen als einer ‚antemurale christianitatis' auch auf das Verhältnis zu Russland übertragen werden. So konnten an dieser ‚Vormauer der Christenheit' die – wie die Russen aufgrund ihrer Nähe zu diesen Völkern oft abfällig bezeichnet wurden – skythischen, tatarischen, kalmückischen Volks-

---

175   Mikkeli (1998:34).
176   Piccolomini (1963:40).
177   Klug (1987:271); Groh (1988:26).
178   Groh (1988:36).
179   Klug (1987:279, 272). Vgl. ausführlich Klug (1987:273-279) zur Entstehung der These vom asiatischen Russland; sowie Kappeler (2001:25-36) über die Eroberung der Khanate in den Jahren 1552 und 1556 und ihre Bedeutung.

massen ‚branden', so dass eine neuerliche ‚Völkerwanderung' verhindert wurde.[180]

Anspielungen auf die Völkerwanderung beförderten dabei Vorstellungen von den Russen als Barbaren, die als solche wiederum keine Europäer sein konnten.[181] In diesen Narrationen über Russen als Barbaren trennten sie insbesondere kulturelle Verhaltensmuster vom zivilisierten Europa, ihnen wurde von den wenigen (west-) europäischen (Handels-) Reisenden und Diplomaten, die Russland für Europa ‚entdeckten', unter anderem Sittenlosigkeit, Trunksucht und Grausamkeit attestiert.[182] Zum einen wurde dies befördert durch die Entdeckungssituation im Kontext parallel stattfindender (west-) europäischer Entdeckungen ‚unzivilisierter' Völker in Übersee, zum anderen durch die Möglichkeit, die mongolische Herrschaftsphase in Russland als bestimmenden Teil der russischen Geschichte und Kultur aufzufassen und diese somit als asiatisch-barbarisch zu interpretieren. Andererseits konnten Russen aber auch gerade im Vergleich zu Barbaren als zivilisiert vorgestellt warden: „the very same closeness to savage and infidel peoples that was seen as jeopardizing their status as civil Christians may in other cases furnish

---

180   Mikkeli (1998:38f.). Vgl. auch die Äußerungen Machiavellis (zitiert in Klug (1987: 280)): „Die großen Volksmassen kommen von jeher fast alle aus Skythien, einem armen und kalten Lande. [...] Wenn aber seit fünfhundert Jahren keine neuen Völkerschwärme Europa überschwemmten, so rührt dies aus mehreren Ursachen her. [...] Die zweite ist, daß Deutschland und Ungarn, zwei Länder, aus denen gleichfalls solche Schwärme auszugehen, jetzt so gut angebaut sind, daß die Eingeborenen bequem dort leben können [...]. Anderseits bilden sie als sehr kriegerische Männer ein Bollwerk, das die angrenzenden Skythen nicht wegnehmen oder umgehen zu können glauben. Häufig entstehen auch große Bewegungen unter den Tataren, die von den Ungarn und Polen zurückgehalten werden, und häufig rühmen sich diese Völker, daß ohne ihre Waffen Italien und die Kirche oftmals das Gewicht der tatarischen Heere gefühlt haben würden."

181   Groh (1988:36).

182   Vgl. ausführlich Mikkeli (1998:158-161) und Neumann (1999:67-73), vor allem die Reiseberichte von Herberstein und Olearius. Der dänische Diplomat Ulfeldt (zitiert in Neumann (1999:69)) äußerte sich über Ivan IV. – dessen russischer Beiname ‚Groznyj' bezeichnenderweise nicht wörtlich als ‚der Gestrenge', sondern als ‚der Schreckliche' wiedergegeben wird – folgendermaßen: „Never did I see a man, be he of whatever low estate, sit and eat less properly than this mighty Tsar".

a context that adds to a representation of Russians as being themselves civil."[183]

In der Folgezeit löste sich der Europabegriff immer mehr von dem der Christenheit. Zum einen spaltete die Reformation auch die Einheit eines katholischen Europa, und protestantische Fürsten wandten sich an den orthodoxen Moskauer Herrscher, um in einer Annäherung an ihn ihre eigene Stellung gegenüber dem päpstlichen Alleinvertretungsanspruch zu stärken.[184] Zum zweiten ließ die Besiedlung Amerikas durch christliche Kolonisten aus Europa die Gleichsetzung Europas mit der Christenheit unzutreffend erscheinen.[185] Schließlich verlor der christliche Glaube im Zuge einsetzender aufklärerischer Vorstellungen und der Säkularisierung an Einfluss.[186]

5.3   Maßstab der Entwicklung – das Europa der Aufklärer

Vorstellungen eines ‚Europas der Christenheit' ablösend folgten unterschiedliche von der Aufklärung beeinflusste Sichtweisen über Europa und Russland. Das Verhältnis zwischen Europa und Russland wurde zu der Zeit einer der zentralen Gegenstände geschichtsphilosophischer und politischer Narrationen, wofür die Reformen Peters I. von entscheidender Bedeutung waren. Dieser modernisierte Russland tiefgreifend nach (west-) europäischem Vorbild und machte das an der Ostsee 1703 von ihm gegründete Sankt Peters-

---

183   Neumann (1999:71). Die ‚Nähe zu den Barbaren' wurde vor allem verstärkt wahrgenommen, als die Khanate von Kazan' und Astrachan' erobert und an den Moskauer Staat angegliedert wurden.
184   Jahn (1990:423).
185   Die Kolonisierung Amerikas konnte zunächst allerdings auch als Erweiterung Europas aufgefasst werden. Vgl. Mikkeli (1998:135-155), der sie als eine „Border of Expansion: Europe and America" behandelt, die er bezeichnenderweise einer „Border of Defence: Europe and Russia" gegenüberstellt.
186   Hierzu Groh (1988:37): „In dem Moment aber, in welchem sich das religiöse Universalsystem völlig zu einem kulturellen und juristischen säkularisiert haben wird, kann sich die in dem Widerspruch von Anerkennung als Christen oder Europäer und der Denunzierung als Barbaren enthaltene Dialektik entfalten. Dann wird einerseits die Anerkennung als politisch gleichberechtigter Partner von der historischen Faktizität erzwungen werden, während andererseits der ideologische Graben zwischen Westeuropa und Rußland gerade aufgrund dieser Anerkennung sich vertiefen wird."

burg zur neuen Hauptstadt, die später Russlands ‚Fenster nach Europa' genannt werden sollte. Die folgenden Narrationen setzten sich intensiv mit dem Werk Peters I. auseinander, welcher dabei nicht immer als Modernisierer gesehen wurde, sondern aufgrund der radikalen Art, mit der er seine Reformen durchsetzte, zum Teil auch als Barbar – allerdings als einer, der sich zivilisieren und kultivieren, der von Europa lernen wollte.[187] Seine Reformen wurden unterschiedlich eingeschätzt. Dabei wurden zwei von Philosophen anhand der aus den christlichen Vorstellungen bekannten Dichotomie ‚Europa/Asien' formulierte Narrationstypen prägend, die hier betrachtet werden sollen: Einerseits sahen Gottfried Wilhelm Leibniz und Voltaire in Russland ein zukünftiges, ‚besseres' Europa; für Jean-Jacques Rousseau andererseits stellte das asiatisch-despotische Russland hingegen eine Gefahr für ein freiheitliches Europa dar.

Leibniz sah das Europa des Ancien Régime sich auf eine Krise der geistigen und politischen Ordnungen zubewegen und setzte seine Hoffnungen zur Rettung Europas in Peter I., „puisque le Czar veut débarbariser son pays, il y trouvera Tabulam Rasam comme une nouvelle terre, qu'on veut défricher"[188]. Die Tabula rasa deutete er positiv und Russland als weißes, neu zu beschreibendes Blatt. Ihm, dem es lieber war, „bey den Russen viel Guthes auszurichten, als bey den Teutschen oder andern Europäern wenig"[189], bot dies die Möglichkeit, in Russland ein ‚besseres' Europa zu bauen, wozu Europas Errungenschaften und Vorzüge, nicht aber seine Laster, in Russland eingeführt werden sollten.

Leibniz dachte zwar noch in christlichen Dimensionen, das statische Europa der Christenheit hatte sich bei ihm aber bereits in ein als Kultursystem verstandenes Europa verwandelt, das von Fortschrittsdenken geprägt wurde und Entwicklungsmöglichkeiten bot.[190] Russland gehörte für Leibniz deswegen nicht automatisch als christliches Reich zu Europa, vielmehr konnte es sich zu einem Teil von Europa *entwickeln*. Auch wenn es in dieser Narration viel-

---

187   Neumann (1999:74).
188   Leibniz (1975a:9). Übersetzung M.V.: „da der Zar sein Land entbarbarisieren will und dort Tabula rasa wie auf Neuland vorfinden wird, das urbar gemacht werden soll".
189   Leibniz (1975b:208).
190   Groh (1988:47, 50f.).

leicht sogar ein ‚besseres' Europa werden konnte, bedeutete dies zugleich auch, dass Russland nichtsdestotrotz erst auf dem Weg war und gegenüber (West-) Europa zurückstand. Russland konnte somit zwar aufholen, genauso gut aber auch zurückbleiben.[191] Derart waren auch die Vorstellungen von Voltaire, der Leibniz in seinen Einschätzungen folgte, auch wenn er im Unterschied zu diesem nicht mehr von christlichen Vorstellungen ausging. Voltaire fasste die von Katharina II. in der zweiten Hälfte des 18. Jahrhunderts fortgeführten Reformen als Nachweis einer erfolgreichen auf der Tabula rasa aufbauenden Entwicklung auf, so dass seine Vorstellungen über Europa und Russland den seit Leibniz dominierenden Narrationstypus bekräftigten.[192]

Voltaires Zeitgenosse Rousseau sah die Völker zwar auch als in einer fortschreitenden Entwicklung befindlich an. Die Herrscher konnten seiner Ansicht nach aber die Entwicklung ihrer Völker voreilig abbrechen, wenn sie, wie es Peter I. getan habe, fremde und nicht der eigenen Reife entsprechende Maßstäbe anwandten:

> Les Russes ne seront jamais vraiment policés, parce qu'ils l'ont été trop tôt. Pierre avoit le génie imitatif; il n'avoit pas le vrai génie, celui qui crée et fait tout de rien. Quelques-unes des choses qu'il fit étoient bien, la plupart étoient déplacées. Il a vu que son peuple étoit barbare, il n'a point vu qu'il n'étoit pas mûr pour la police; il l'a voulu civiliser quand il ne falloit que l'aguerrir. Il a d'abord voulu faire des Allemands, des Anglois, quand il falloit commencer par faire des Russes: il a empêché

---

191   Vgl. hierzu Neumann (1998:412): „[...] Russia stands out for its five-hundred-year history of always just having been tamed, civilized, just having begun to participate in European politics, having just become part of Europe. Since the Enlightenment it has, furthermore, been seen as a pupil and a learner, albeit a successful one (the authorized version of the Enlightenment, the present), a misguided one (the alternative version of the Enlightenment), a laggard who should learn but refuses to do so (the authorized version of the nineteenth century), a truant (the twentieth century)."

192   Groh (1988:62). Vgl. zudem die ausführliche Darstellung des jahrelangen Gedankenaustauschs zwischen Katharina II. mit Voltaire und auch Diderot bei Wolff (1994:195-234). – Von einer typisch aufklärerischen Sicht über das Verhältnis zwischen Europa und Russland erzählt auch der Ausschnitt aus dem Gedicht „Le Russe à Paris" von Voltaire (1760), in dem sich ein nach Paris gekommener Russe mit einem barbarischen Skythen vergleicht, der sich – schüchtern und neugierig – in Athen die Augen öffnen lassen und lernen will:
  „Je viens pour me former sur les bords de la Seine;
  C'est un Scythe grossier voyageant dans Athène
  Qui vous conjure ici, timide et curieux,
  De dissiper la nuit qui couvre encor ses yeux."

ses sujets de devenir jamais ce qu'ils pourroient être, en leur persuadant qu'ils étoient ce qu'ils ne sont pas.[193]

So würden die Russen immer Barbaren bleiben. Da Rousseau es infolge dieser übereilten und deswegen abgebrochenen, (West-) Europa imitierenden Entwicklung Russlands für unvermeidlich hielt, dass Russland versuchen würde, Europa zu unterwerfen, befürchtete er, dass die Tataren nicht nur zu Russlands, sondern auch Europas ‚Meistern' würden, und so die asiatisch-russische Barbarei über die Zivilisation Europas siegte.[194] Rousseau wies deshalb – an die ältere Vorstellung der ‚antemurale christianitatis' anknüpfend – dem (adels-) republikanischen Polen die Rolle zu, Europa vor dem autokratisch-despotischen Russland zu beschützen.

Jedoch verschwand Polen nach den drei Teilungen bzw. nach dem Wiener Kongress, auf dem es dem Russischen Reich zugeschlagen wurde, als eigenständiger Staat von der politischen Landkarte, und „Polonophilie und Russophobie gingen eine Synthese ein, in der beide Motive sich gegenseitig verstärkten."[195] ‚Europäisches Polen' und ‚asiatisches Russland' wurden dabei in den Narrationen meist in einem Gegensatz von Freiheit und Despotie verstanden. Dieser Gegensatz wurde auch während der Napoleonischen Kriege in der Opposition des für die Ideale der Revolution kämpfenden Frankreich gegen das die alte Ordnung des Ancien Régime verteidigende Russland formuliert, ebenso 1830 bei der Niederschlagung des Aufstandes der für die Freiheit von der ‚russischen Knute' kämpfenden ‚edlen Polen'. Aus dem

---

193   Rousseau (1943:199f.). Übersetzung M.V.: „Die Russen werden niemals wirklich zivilisiert sein, weil sie zu früh zivilisiert worden sind. Peter besaß das Genie der Nachahmung; er besaß kein wahres Genie, das schöpferisch tätig ist und aus Nichts Alles macht. Einiges, was er tat, war gut, aber der Großteil war unpassend. Er hat gesehen, dass sein Volk barbarisch war, aber er hat überhaupt nicht erkannt, dass es für die Zivilisation nicht reif war; er wollte es zivilisieren, als es nichts außer Abhärtung bedurfte. Er wollte aus ihnen zuerst Deutsche und Engländer machen, als er damit hätte anfangen müssen, sie zu Russen zu machen: Er hat seine Untertanen davon abgehalten, jemals das zu werden, was sie hätten werden können, indem er sie davon überzeugte, dass sie jemand wären, der sie nicht sind."

194   Rousseau (1943:200).

195   Groh (1988:101). Dass Sympathien für entweder Polen *oder* Russland einander meist ausschlossen, ist auch bei Voltaire und Rousseau zu sehen: Dass Voltaire ein Freund Russlands war, Polen aber nicht sehr wertschätzte, Rousseau hingegen als Freund Polens Russland verachtete, war somit nicht nur Ausdruck ihrer persönlichen Antipathie.

von Leibniz und Voltaire noch zum ‚besseren Europa' einer aufgeklärten Zukunft auserkorenen Russland konnte so das ‚Bollwerk der Reaktion' werden –
wohingegen die Gegner der Revolution diesen Gegensatz umgekehrt bewer-
ten und Russland als den Hüter der ‚legitimen Ordnung' in Europa auffassen
konnten, der sie vor dem revolutionären Terror bewahrte.[196] Dabei begannen
die Narrationstypen sich auch allmählich von zwei auf drei zu erweitern. Zusätzlich zu den bekannten, noch zur Vorstellung eines Europas der Christenheit oder eines der Aufklärer gehörenden Narrationstypen über Russland als
Teil Europas *oder* Asiens, entwickelten sich auch solche Narrationen, die
Russland als eigenständige Einheit im Vergleich zu Europa *und* zu Asien auffassten.

5.4   Eine eigenständige Welt – Russland zwischen Europa und Asien

Ein Beispiel für diesen neuen Narrationstypus ist die Narration des Dichters
und Philosophen Johann Gottfried von Herder. Dieser verurteilte ähnlich wie
Rousseau Peters I. Versuch, Russland an Europa anzupassen, da er damit
einer geschichtlich notwendigen Entwicklung vorgegriffen habe. Doch war er
davon überzeugt, dass dies Russland nicht davon abhalten würde, seinen
‚natürlichen' Platz schließlich zu finden, welcher *zwischen* Europa und Asien
liege.[197] Indem Peter I. seine Hauptstadt an die Ostsee verlegt hatte, „so
küppte sich Rußland freilich mit allen seinen Asiatischen Provinzen auf diese
neue Spitze am Europäischen Ende seines Reichs."[198] Die neue Hauptstadt
hätte vielmehr am Asowschen Meer errichtet werden sollen,

> am Ausfluße des Don [nach antiker Auffassung die geographische Grenze zwi-
> schen den beiden Kontinenten, M.V.], in der glücklichsten Mitte des Reichs, von da
> der Monarch seine Europäischen und Asiatischen Provinzen wie die rechte und
> linke Hand gebrauchen [...], dem Handel der drei alten Welttheile, mithin auch des
> vierten, im Schoos seyn mögen! [...] Die Küste Azows ist ihm ein Schlüßel der
> Welt, seine gelegenste Ausfahrt. Von hieraus hätte das ungeheure Reich Europa
> genutzt, ohne ihm je beschwerlich zu werden [...].[199]

---

196   Vgl. ausführlich Groh (1988:97-116) und Neumann (1999:93-96) über die unter-
       schiedlichen liberalen und konservativen Zuordnungen.
197   Herder (1885:450f.).
198   Herder (1885:440).
199   Herder (1885:439f.).

Russland stellte für Herder somit weder das Europa der Zukunft dar, das durch ,Kulturwanderung' zu einem ,besseren Europa' würde,[200] noch den asiatisch-barbarischen Gegensatz zu Europa. Herder erzählte vielmehr davon, „that Russia was also a world unto itself."[201]

Die Auffassung, sich als Europa gegenüber Russland als eigenständiger Einheit – also als einer in sich fertigen Gemeinschaft, die zu einer Entwicklung in Richtung eines als eigentliches Selbst vorgestellten ,Europas' weder willens noch in der Lage sein brauchte – begreifen zu müssen, wurde dabei nicht nur geschichtsphilosophisch im Spannungsfeld von Kultur/Zivilisation und Barbarei festgemacht, sondern vor allem auch im Bereich nationalstaatlicher Machtpolitik wahrgenommen. Bereits die Siege Peters I. im Nordischen Krieg und das Erreichen eines Zugangs zur Ostsee hatten Russland zu einer Macht werden lassen, die nicht mehr nur von den direkten Nachbarn wie Polen-Litauen, Livland oder Schweden, sondern etwa auch vom weiter entfernten und global denkenden England ernst genommen – das heißt als (potentielle) Bedrohung wahrgenommen – wurde.

Die weiteren außenpolitischen Erfolge Russlands und seine großen Eroberungen nach Westen und Süden in der zweiten Hälfte des 18. Jahrhunderts in den russisch-türkischen Kriegen und durch die Teilungen Polens führten später dazu, dass Russland als Bedrohung des ,europäischen Gleichgewichts' wahrgenommen wurde.[202] Aus dieser Sicht begannen Narrationen zu entstehen, in denen, wie etwa beim anglo-irischen Philosophen und Politiker Edmund Burke, Russland als zu groß für einen Platz *in* Europa aufgefasst wurde: Russland, dieser „newcomer among the great nations, stood supreme between Europe and Asia, and looks as if she intended to dictate to both. We see in her a great but still growing empire."[203] War Russland einst aufgrund seiner christlichen Religion als europäisch anerkannt worden, um den türkischen ,äußeren Feind' zu bekämpfen, so hatte sich die politische Lage derart verändert, dass der Glaube bei der Einordnung Russlands in das System der

---

200   Dies war allerdings die Auffassung des frühen Herder; die hier wiedergegebene
        entwickelte er später. Vgl. Groh (1988:91f.).
201   Neumann (1999:84).
202   Neumann (1999:87-89).
203   Burke zitiert in Groh (1988:75).

entstehenden Nationalstaaten keine Rolle mehr spielte. Denn die andauernden russischen Erfolge gegen das Osmanische Reich waren

> insofern ein epochemachendes Ereignis, als die europäische Diplomatie und Publizistik, die es jahrhundertelang als ihre Aufgabe betrachtet hatte, die Einbeziehung Russlands in die Front gegen die Türken zu fordern oder zu betreiben, einen Frontwechsel vollzog und die Integrität der Türkei als Schutzmauer gegen ein weiteres russisches Vordringen zu einem ihrer Leitsätze erhob.[204]

Mit dem Auftauchen dieses dritten Narrationstypus – dem zufolge Russland kein Teil Europas mehr war, auch wenn es noch als zum Teil europäisch geprägtes, Europa und Asien in sich vereinigendes Reich gelten konnte – war das Repertoire der (west-) europäischen Narrationen im Wesentlichen vollständig.[205] Spätere Narrationen folgten dann den hier bisher betrachteten Richtungen: Russland als Teil Europas, als Teil Asiens oder als eine eigenständige Einheit. Von diesem (west-) europäischen Narrationsrepertoire unterschied sich hingegen das russische. Die dominierenden russischen Narrationen – Russland als Teil Europas bzw. als eigenständige und vor allem auch eigenwertige Einheit, nicht aber als Teil Asiens – werden nun im nächsten Kapitel betrachtet.

5.5   Russische Narrationen

Nach dem Fall Konstantinopels und dem Ende des ‚Tataro-Mongolischen Jochs' war in Russland die These vom ‚Dritten Rom' entstanden,[206] nach welcher Russland sich als exklusiver Hüter der ‚wahren', orthodoxen Christenheit verstand und sich deswegen nicht an (West-) Europa oder etwas anderem

---

204   Groh (1988:73).
205   Es existierte zudem die Bezeichnung ‚halbasiatisch', die ab Anfang des 18. Jahrhunderts in Narrationen entstand, und Russland auch in einer Zwischenstellung sah – allerdings unter eher asiatischen Vorzeichen und ohne die Anerkennung als eigenständige und vor allem eigenwertige Einheit. Als Beispiele verweist Lemberg (1985:75-77) auf die Verwendung der Bezeichnung bei Karl Marx Mitte des 19. Jahrhunderts, die ab den 1920er Jahren vermehrt auch in der sowjetischen Betrachtungsweise auftauchte, da sie ihren Interessenfokus von Europa Richtung Indien und China verlegte. Die Zuordnung Russlands zu ‚Halb-Asien' erreichte schließlich – neben der zu ‚Asien' – in der antibolschewistischen NS-Propaganda des Zweiten Weltkrieges ihren Höhepunkt. Seitdem taucht sie hingegen kaum noch in Narrationen über Russland auf.
206   Nolte (1998:58).

ausrichtete.[207] Unter Peter I., der durch seine Reformen das Land ‚europäisieren' wollte[208] und dafür unter anderem den Zarentitel ablegte, um sich nach europäischem Vorbild zum Imperator eines als neu verstandenen ‚Russländischen Imperiums' zu machen, änderte sich dies dann. So galt es, die Position Russlands im Verhältnis zu Europa zu bestimmen. Wie aber sollte dieser bis an den Pazifischen Ozean reichende Staat als Teil Europas vorgestellt werden, wo doch die Grenzen Europas nach der seit der Antike vorherrschenden Konvention am Don verliefen?

Die eine Antwort auf diese Frage bietende und für die folgende Zeit einflussreichste Narration geht auf Vasilij Tatiščev zurück, einen in der ersten Hälfte des 18. Jahrhunderts bedeutenden russischen Staatsmann, Historiker und Geographen. Seiner Ansicht nach

Европа есть в четырех частях земли вторая, потому что в Азии первое сотворение и население людей было, но по обилию, наукам, силе и славе, якоже и умеренностию воздуха безспорно Европа преимуществует.[209]

Um Russland als Teil Europas vorzustellen, fasste Tatiščev dieses neu auszurichtende Imperium als – wie die anderen europäischen Reiche auch – aus zwei Teilen bestehend auf: aus Mutterland und Kolonie. Der einzige Unterschied zu den anderen Kolonialreichen lag darin, dass sich die Kolonie nicht in Übersee befand.[210] Um Russland als zweigeteilt darzustellen, war eine klar definierte Grenze zwischen europäischem Zentrum und asiatischer Kolonie nötig, worauf es zur Festlegung des Ural-Gebirges als Grenze zwischen Europa und Asien kam.[211] Das Ural-Gebirge bot sich dabei als bereits bekannte

---

207 In diesem Zusammenhang existiert ein interessantes Beispiel für die flexible Instrumentalisierbarkeit des Anderen zur Abgrenzung des Selbst, da sich Russen zu dieser Zeit von (West-) Europäern gerade dadurch abgrenzten, dass sie sie mit Tataren und Türken auf eine Stufe stellten (vgl. hierzu Bassin (1991:4)), mit denen sie umgekehrt von den (West-) Europäern gleichgesetzt wurden.

208 Ob dauerhaft oder nur für die Zeit bis Russland sich nach europäischem Vorbilde ausreichend entwickelt habe, ist hierbei nicht entscheidend.

209 Tatiščev (1979:271). Übersetzung M.V.: „Europa ist unter den vier Teilen der Erde der zweite, da der Mensch zuerst in Asien erschaffen wurde und dieses besiedelte – jedoch gemessen an Reichtum, Wissen, Kraft und Ehre, ebenso wie an der Gemäßigtheit des Klimas gebührt Europa zweifellos der Vorrang."

210 Bassin (1991:6).

211 Bei Tatiščev verläuft die Grenze dabei vom Ural-Gebirge über den Ural-Fluss ins Kaspische Meer und von dort über den Kaukasus zum Asowschen und Schwarzen Meer. Zur gleichen Zeit stellte der schwedische Offizier Philip Johan von Strahlen-

Grenze zur ‚Goldgrube' Sibirien an, das von Russland seit den 1580er Jahren auf der Jagd nach Pelzen erobert worden war, wobei Sibirien dem nach ‚Europäizität' strebenden Russland dann als asiatische „Kontrastfolie"[212] zur Bestätigung der eigenen, europäischen Identität diente.[213] Um den Ural nicht nur zu einer geographischen, sondern auch zu einer psychologischen und politischen Grenze zu machen, ‚europäisierte' die von den Autoritäten propagierte Narration die westlichen Landesteile auf vielfältige Weise, wohingegen sie die sibirischen ‚asiatisierte'.[214] Diese Narration verlor jedoch an Bedeutung, als Anfang des 19. Jahrhunderts der Pelzhandel zurückging und der „asiatische Charakter Sibiriens [...] als Indikator der extremen kulturellen Rückständigkeit des Landes und des Mangels an westlicher Aufklärung gesehen" wurde.[215]

Ab den 1830er Jahren trat der Gegensatz zweier Narrationstypen über Russland offen zu Tage, der in der Elite im Grunde bereits seit Peter I. als Reaktion auf dessen Reformen latent vorhanden war. Während die so genannten ‚Westler' entsprechend der oben dargestellten Narration Russland als Teil Europas auffassten bzw. die von Peter I. begonnene ‚Europäisierung' des Landes propagierten, vertraten die ‚Slawophilen' die Auffassung, Russland müsse sich seiner eigenen – nicht asiatischen, sondern ‚russo-slawischen'[216]

---

berg, russischer Kriegsgefangener und Geograph, eine ähnliche Grenzziehung vor, nur dass bei ihm die Grenze vom Ural-Gebirge über den Obščij Syrt, die Wolga und den Don ins Asowsche und dann ins Schwarze Meer mündet. Im 19. Jahrhundert war die Strahlenberg'sche Variante, in der Sowjetunion dann – mit der Modifikation der Emba statt des Ural-Flusses – die von Tatiščev vorgeschlagene die populärere geographische Grenzziehung (Parker (1960:285f.); Bassin (1991:6-8, 17); Lewis/ Wigen (1997:27f.)).

212   Bassin (2002:384).
213   Parker (1960:284) weist darauf hin, dass das Ural-Gebirge zuvor keine Rolle für die Grenzziehung gespielt haben und auf Karten häufig gar nicht erst eingezeichnet wurden, obwohl ihre Existenz bekannt war.
214   Vgl. ausführlich Bassin (2002:382-385) über die Strategien hierzu.
215   Bassin (2002:386).
216   Der Begriff des Slawischen ging bei den Slawophilen und später bei den Panslawisten allerdings kaum über das Russische hinaus. Der tschechische Schriftsteller Havlíček (zitiert in Kundera (1983:11)) war als glühender Anhänger slawophiler Ideen nach Moskau gereist, um nach seiner Rückkehr im Jahre 1844 folgendermaßen zu urteilen: „Les Russes aiment appeler slave tout ce qui est russe pour pouvoir plus tard nommer russe tout ce qui est slave". Übersetzung M.V.: „Die Russen nennen gerne alles slawisch, was russisch ist, um dann später alles russisch nennen zu können, was slawisch ist".

– Wertigkeit und Werte bewusst werden, die es gegenüber Europa auszeichnen. Zu diesen Werten gehörten für sie unter anderem Gemeinschaft (statt Individualismus), Mystik (statt Rationalität), Unbewegtheit (statt Progressivität).[217] Die Unterscheidung zwischen Russland und Europa wurde dabei durch den jeweiligen ‚griechischen' bzw. ‚lateinischen' Charakter der Kulturen begründet, da die spezifisch russischen Werte auf den orthodoxen Glauben in Russland zurückgeführt wurden. In den Worten des Schriftstellers und slawophilen Vordenkers Ivan Kireevskijs:

> Ученія Св. Отцевъ Православной Церкви перешли въ Россію, можно сказать, вмѣстѣ съ первымъ благовѣстомъ Христіанскаго колокола. Подъ ихъ руководствомъ, сложился и воспитался коренной Русскій умъ, лежащій въ основѣ Русскаго быта. Обширная Русская земля, даже во времена раздѣленія своего на мелкія княжества, всегда сознавала себя какъ одно живое тѣло и не столько въ единствѣ языка находила свое притягательное средоточіе, сколько въ единствѣ убѣжденій, происходящихъ изъ единства вѣрованія въ церковныя постановленія.[218]

Der Naturwissenschaftler Nikolaj Danilevskij, der in der zweiten Hälfte des 19. Jahrhunderts die Vorstellungen der Slawophilen im Panslawismus maßgeblich weiterentwickelte, schätzte Russland nicht nur als Europa gleichwertig ein, sondern sah das germano-romanische Europa – im Gegensatz zum aufstrebenden und die Führung über die slawische Welt übernehmenden Russland – auch als degeneriert und im Verfall begriffen an.[219] Um den Mythos der Überlegenheit der europäischen Kultur zu dekonstruieren, begann er damit,

---

217   Vgl. ausführlich Scherrer (2001:220).
218   Kireevskij (1911:202). Übersetzung M.V.: „Man kann sagen, dass die Lehren der heiligen orthodoxen Kirchenväter zusammen mit dem ersten Läuten christlicher Glocken in Russland Einzug hielten. Unter ihrer Führung entstand und vervollkommnete sich der russische Urgeist, der der russischen Lebensweise zugrunde liegt. Das weite russische Land verstand sich sogar in der Zeit seiner Teilung in kleinste Fürstentümer als einen lebendigen Körper und fand seinen zusammenhaltenden Mittelpunkt weniger in der Einheit der Sprache, als in der Einheit der Überzeugungen, die aus der Einheit des Glaubens an die kirchliche Ordnung entstanden."
219   Vgl. auch Simon (1999:1100) über die Narrationen der Slawophilen und Panslawisten über Europa: „Die Europäisierung sei gerade der falsche Weg, denn die europäische Kultur sei degeneriert und zum Untergang verurteilt. Das bäuerliche und christliche Rußland aber verfüge über unverbrauchte, frische Kräfte, die der rationalistischen und materialistischen Kultur des Westens entgegengesetzt werden müßten. Die bodenständige russische Kultur dürfe nicht verwestlicht werden, ihre Aufgabe sei vielmehr, in Zukunft die europäisch-westliche Kultur zu ersetzen."

Europas Eigenständigkeit als geographischen Kontinent sowie die von Tatiščev gezogene Grenze zwischen Europa und Asien in Frage zu stellen.[220] Nachdem er die Untauglichkeit des Ural-Gebirges als Grenze dargelegt hatte, fuhr er sarkastisch fort:

> Но хребет Уральский, по крайней мере, – нечто; далее же честь служить границей двух миров падает на реку Урал, которая уже – совершенное ничто. Узенькая речка, при устье в четверть Невы шириною, с совершенно одинаковым по ту и по другую сторону берегами. Особенного известно за ней только то, что она очень рыбна; но трудно понять, что общего у рыбности с честью разграничивать две части света.[221]

Stattdessen entwickelte er eine Vorstellung, der zufolge die östlich wie westlich des Urals dominierenden Tieflandebenen gemeinsam eine eigene geographische Einheit darstellen. Die russische Besiedlung Sibiriens wurde dazu passend nicht als gewaltsame Kolonisierung wie bei den europäischen Reichen interpretiert, sondern als organischer und natürlicher Vorgang, der die russische Besiedlung in Übereinstimmung mit den ‚eigentlichen‘, geographischen Grenzen Russlands brachte.[222] Narrationen wie diese, die Russland als eigenständige und eigenwertige Einheit auffassen, sind zusammen mit solchen, die Russland als Teil Europas verstehen, seitdem die in Russland dominierenden Typen geblieben.[223] Die Herausbildung eines aus (west-) europäischer wie auch aus russischer Perspektive erzählten Narrationstypus über Russland als eigenständige Einheit stand dabei mit verschiedenen Entwicklungen in Zusammenhang, die sich wechselseitig bedingten.

---

220   Bassin (1991:9).
221   Danilevskij (1995:46). Übersetzung M.V.: „Aber das Ural-Gebirge ist wenigstens noch etwas; im Weiteren fällt die Ehre, als Grenze zwischen zwei Welten zu dienen, dem Ural-Fluss zu, welcher überhaupt nichts mehr darstellt. Das ist ein schmales Flüsschen, an seiner Mündung ein Viertel so breit wie die Newa, und mit Ufern, die auf beiden Seiten einander völlig gleichen. Er ist nur dafür besonders bekannt, dass er sehr fischreich ist; aber es ist schwer zu verstehen, was der Reichtum an Fischen mit der Ehre zu tun haben soll, zwei Weltteile voneinander abzugrenzen."
222   Bassin (1991:11).
223   Zur Bewegung der ‚Eurasier‘ – einer zwischen den Weltkriegen unter Emigranten aus dem untergegangen Russischen Reich sowie seit dem Ende der Sowjetunion im heutigen Russland in Teilen der russischen Gesellschaft einflussreichen Denkrichtung, der zufolge Russland zwischen Europa und Asien einen eigenwertigen Weltteil darstelle – siehe die umfassende Darstellung von Wiederkehr (2007).

5.6   Ein neuer Gegensatz – Europa zwischen Amerika und Russland

Eine sehr an Einfluss gewinnende Entwicklung war, dass sich in den Narrationen auch die Einordnung von Europa selbst veränderte. Der Historiker Dieter Groh führt dies erstens zurück auf den andauernden Zustand einer Revolution der gesellschaftlichen und geistigen Ordnung in Europa seit der Aufklärung und insbesondere seit der Französischen Revolution, zweitens auf das aufkommende Verständnis von Russland als einer eigenständigen Einheit sowie drittens auf die Unabhängigkeit der Vereinigten Staaten von Amerika und ihre Emanzipation von Europa.[224] Die Einordnung Europas in eine neue, globale Perspektive, bei der Europa nicht mehr alleine im Mittelpunkt stand, sondern sich zwischen Amerika und Russland als eine von drei bedeutenden Größen wiederfand, ist für ihn Ausdruck einer „Krise des europäischen Selbstbewußtseins", die „das Ende der Weltgeschichte als europäischer" markierte.[225] Im Anschluss daran wird Europas dominierende Position vom „Weltgegensatz" zwischen Ost und West abgelöst, der für Groh seitdem alle Zuordnungen und Abgrenzungen bestimmt.[226] Den entscheidenden Schritt

---

224   Groh (1988:18f.). – Amerika wurde dabei lange Zeit nicht als eigenständiger und gleichgestellter Kontinent angesehen, wie Lewis/Wigen (1997:25) ausführlicher beschreiben: „America had to be intellectually ‚invented' as a distinct parcel of land – one that could be viewed geographically, if not culturally, as equivalent to the other continents."

225   Groh (1988:11, 13). Als den „letzten Höhepunkt des europäischen Selbstbewußtseins" fasst Groh (1988:183, 180) die Weltsicht Georg Wilhelm Friedrich Hegels auf, die zwar „europazentrisch par excellence" war, zugleich aber Amerika und Russland als über Europa und die Welt dominierende „Kräfte der Zukunft" begriff. Vgl. hierzu auch Gollwitzer (1964:212-214). Gollwitzer (1964:225, 319) zeigt an den Beispielen der Historiker Leopold von Ranke und Jacob Burckhardt aber auch, dass sich ein ungebrochenes Europabild durchaus auch nach Hegel in Narrationen gehalten hat. Solche Positionen durften aber für Grohs Konzeption eines ‚Weltgegensatzes' von West und Ost keine Rolle mehr spielen.

226   Groh (1988:13). Wenn wir Grohs ursprünglich zur Zeit des Berliner Mauerbaus veröffentlichte Arbeit über Narrationen über das Verhältnis von Europa und Russland selbst als Narration betrachten, so wird deutlich, wie er, bei dem alles auf diesen ‚Weltgegensatz' zuläuft, diesen aus dem Kontext des Kalten Krieges heraus formuliert hat. Die rückblickende Perspektive aus einem wiedervereinigten, wiedererstarkenden Europa kann bei ihm noch nicht vorkommen – im Gegensatz zu Mikkeli (1998:78, 147f.), der einige Jahre nach dem Fall des Eisernen Vorhangs schreibt und dabei Tocqueville nicht derart auf diesen Gegensatz hin liest und stattdessen vielmehr über diese Zeit notiert: „From 1830 onwards, the idea of Europe as a harmonious community of nation states seemed to become more and more popular."

sieht er dabei durch das Werk des französischen Publizisten und Politikers Alexis de Tocqueville gemacht, der formulierte:

> Il y a aujourd'hui sur la terre deux grands peuples qui, partis de points différents, semblent s'avancer vers le même but: ce sont les Russes et les Anglo-Américains. [...] L'Americain lutte contre les obstacles que lui oppose la nature; le Russe est aux prises avec les hommes. L'un combat le désert et la barbarie, l'autre la civilisation revêtue de toutes ses armes: aussi les conquêtes de l'Américain se font-elles avec le soc du laboureur, celles du Russe avec l'épée du soldat. Pour atteindre son but, le premier s'en repose sur l'intérêt personnel, et laisse agir, sans les diriger, la force et la raison des individus. Le second concentre en quelque sorte dans un homme toute la puissance de la société. L'un a pour principal moyen d'action la liberté; l'autre, la servitude. Leur point de départ est différent, leurs voies sont diverses; néanmoins, chacun d'eux semble appelé par un dessein secret de la Providence à tenir un jour dans ses mains les destinées de la moitié du monde.[227]

Die Attribute und Zuschreibungen zu Amerika unterschieden sich in einigen Punkten – etwa in der Betonung des Individuums oder der Demokratie – von jenen, die für Europa üblich sind. Hingegen blieben mit ‚Barbarei', ‚Autokratie' und ‚Despotismus' die Zuschreibungen zu Russland bei Tocqueville altbekannt. Russland diente somit als Kontrastfolie für Europa, solange es nicht als Teil Europas vorgestellt wurde. Mochte in dieser Narration also statt nur Europa nun die ganze Welt im Fokus stehen, so hatte sich hier doch an der Position Russlands als des Anderen nicht viel geändert. Diese veränderte sich letztendlich weder dadurch, dass Russland als eigenständige Einheit anstatt als Teil Asiens vorgestellt wurde, noch dadurch, dass neben ‚Europa/ Asien' ein weiteres Begriffspaar in den Narrationen immer größere Bedeutung für die Abgrenzungen Europas nach Osten erlangte. Ein erster Hinweis

---

227 Tocqueville (1951:430f.). Übersetzung M.V.: „Es gibt heute auf der Erde zwei große Völker, die – von unterschiedlichen Punkten ausgehend – sich demselben Ziel zu nähern scheinen: die Russen und die Anglo-Amerikaner. [...] Der Amerikaner kämpft gegen die Hindernisse, die ihm die Natur stellt; der Russe ringt mit den Menschen. Der eine bekämpft die Wüste und die Barbarei, der andere die Zivilisation samt all ihrer Waffen: Ebenso erfolgen die Eroberungen des Amerikaners mit der Pflugschar des Bauern, die des Russen mit dem Degen des Soldaten. Um sein Ziel zu erreichen, verlässt sich Ersterer auf den Eigennutz und lässt die Kraft und die Vernunft der Individuen walten, ohne sie dabei zu lenken. Der Zweite vereint in bestimmter Art und Weise alle Macht der Gesellschaft in einer einzigen Person. Der eine kennt als hauptsächlichstes Prinzip des Handelns die Freiheit, der andere die Knechtschaft. Ihre Ausgangspunkte sind unterschiedlich, ihre Wege sind verschieden; gleichwohl scheint jeder von ihnen von einer geheimen Absicht der Vorsehung berufen, eines Tages das Schicksal der halben Welt in seinen Händen zu halten."

auf dieses Begriffspaar ,Westen/Osten' fand sich in der Bezeichnung ,West-
ler' für Vertreter eines Narrationstypus aus russischer Perspektive, und auch
in dem beginnenden Gegensatz zwischen Amerika und Russland ist es ange-
legt. Wie es in Bezug auf Europa und Russland zu diesem ,West-Ost-Gegen-
satz' kam, wird im folgenden Kapitel betrachtet.

5.7   Nördliches Russland – östliches Russland

Der Gegensatz von West und Ost sowie die Teilung Europas und der gesamten Welt in einen Osten und einen Westen schien bis vor kurzem, in der Zeit
zwischen dem Ende des Zweiten Weltkrieges und dem Ende der Sowjetunion, wie selbstverständlich. Auch wenn diese Trennung zwischen Ost und
West nach dem Fall des ,Eisernen Vorhangs' nicht mehr von derart großer
Bedeutung auf den politischen Landkarten ist, so ist sie doch nicht aus den
Köpfen verschwunden und scheint auch in aktuellen Narrationen über Europa
und Russland sowie über Mittel- und Osteuropa noch in unterschiedlichen
Wertungen auf.

Vergessen ist im Allgemeinen jedoch, dass dem Gegensatz von Ost und
West einer von Nord und Süd vorangegangen war. Dieser lässt sich auf die
Trennung zwischen dem südlichen, zivilisierten Teil der bekannten Welt und
dem nördlichen, barbarischen in der römischen Antike zurückführen.[228] Die
Trennlinie verlief etwa entlang der Grenzen des Römischen Reiches, grob
von Britannien im (Nord-) Westen an Rhein und Donau entlang bis zum
Schwarzen Meer und Kleinasien im (Süd-) Osten. Mag die Aufteilung Europas im Mittelalter vielleicht mehr der heutigen geähnelt haben, so knüpften
spätestens Humanismus und Renaissance wieder an der antiken Vorstellung
an und unterteilten Europa und die Welt für die folgenden Jahrhunderte in
Nord und Süd.[229] In den damaligen Narrationen lag Russland – wie Polen
und meist auch Preußen – somit zuerst im Norden, bevor es in der (süd- bzw.
dann west-) europäischen Wahrnehmung in den Osten wanderte. Zusammen
mit Dänemark, Norwegen und Schweden bildeten diese die zunächst „sep-

---

228   Mit dem heutigen Verständnis von reicher Nord- und armer Südhalbkugel hatte die-
       ser Gegensatz nichts zu tun.
229   Lemberg (1985:59); Okey (1992:110); Wolff (1994:4f.).

tentrionalischen" und „mitternächtig" genannten Länder, die später vermehrt als „nordisch" und „nördlich" bezeichnet wurden.[230]

Die geographische Neuzuordnung Russlands erfolgte in den Narrationen dann in der ersten Hälfte des 19. Jahrhunderts im Zuge der Neuordnung der europäischen Mächte zwischen dem Wiener Kongress und dem Krimkrieg,[231] und Russland gelangte vom Norden in den Osten Europas. Diese Verlagerung in den Osten verstärkte hierbei die Zuordnungsmöglichkeiten zu Asien und zum Orient. Attribute wie ‚Despotie', ‚Autokratie' und ‚Barbarei', die in Narrationen über Russland als asiatischem Land diesem bereits zugeschrieben worden waren, ließen sich durch den Bezug zum Osten noch stärker mit Russland in Verbindung bringen. So gelang – etwa anlässlich der gewaltsamen Niederschlagung des polnischen Aufstandes von 1830 oder auch später in der Diktion der antibolschewistischen NS-Propaganda – in den Narrationen über ein östliches Russland auch die Verwendung von Begriffen wie ‚Horden', ‚Flut' oder ‚Wirren' umso leichter,[232] von denen sich die Vorstellungen von Europa deutlich abgrenzen ließen. Neben dem auch weiterhin eine Rolle spielenden Begriffspaar ‚Europa/Asien' rückt somit das Paar ‚Westen/Osten' ins Blickfeld, dessen Rolle bei der Konstruktion unterschiedlicher Europavorstel-

---

230 Lemberg (1985:50). Unter anderem wurde die Opposition Russlands mit Frankreich zurzeit der napoleonischen Kriege in der damaligen Vorstellung nicht, wie wir das heute sehen würden, als ‚Ost-West-Konflikt' wahrgenommen; die beiden Staaten teilten sich Europa vielmehr in eine Nord- und eine Südsphäre. Die russischen Soldaten, die Napoleon bis nach Paris verfolgt hatten, wurden so etwa als „Barbaren des Nordens, die jetzt so sehr nach Süden drängen", bezeichnet, oder aber als Befreier, denn „[h]ell aus dem Norden bricht der Freiheit Licht" (Lemberg (1985:53)). Von der Zuordnung Russlands in den Norden lassen sich in heutigen Narrationen nur noch vereinzelte Relikte finden, so etwa die Darstellung Russlands als Bären (Lemberg (1985:85-90).
231 Lemberg (1985:60-62). Groh (1988:237) sieht die Revolution von 1848 als Abschluss der Nord-Ost-Verschiebung. Wolff (1994:4, 366) datiert die Entstehung von ‚Eastern Europe' bereits ins Zeitalter der Aufklärung im 18. Jahrhundert, was Schenk (2002:500) kritisiert. Wolff geht es allerdings wohl weniger im Sinne einer Rückprojektion um „die bedenkenlose Anwendung des Osteuropabegriffs auf die Zeit vor 1800" (Lemberg (1985:90)), sondern eher um die Entstehung des als Einheit betrachteten Raumes ‚Eastern Europe' – dem im englischen Sprachgebrauch Russland meist auch nicht zugerechnet wird. Dazu passt, dass die von ihm angeführten Belege bei Voltaire, Rousseau und anderen französisch- und englischsprachigen Quellen Russland mit dem Norden und nicht mit dem Osten verbinden.
232 Lemberg (1985:74-76).

lungen und ‚europäischer Identität' im Folgenden anhand des Verhältnisses von Mittel- und Osteuropa näher betrachtet wird.

6 Mittel- und Osteuropa

6.1 Der Gegensatz von Westen und Osten

Die oben beschriebene mögliche Zuordnung Russlands sowohl zu Asien als auch zum Osten fällt leicht, da sich der Gegensatz der Begriffe ‚Westen' und ‚Osten' nicht eindeutig vom Begriffspaar ‚Europa/Asien' trennen lässt.[233] So wird der Beginn eines Gegensatzes von West und Ost in manchen Narrationen als bereits seit den Kriegen der Griechen gegen die Perser bestehend vorgestellt,[234] welche in anderen gerade als Referenz für die Dichotomie von Europa und Asien angesehen werden.[235] Als Ausgangspunkt angeführt werden auch die Abgrenzung des Römischen Reiches von einem vage gefassten, östlichen Asien[236] oder die auf dem geteilten Römischen Reich aufbauende Trennung der Christenheit in West- und Ostkirche.[237]

Wenn dabei wie oben dargestellt schon ‚Europa' und ‚Asien' mehrdeutige Begriffe sind, so sind ‚Westen' und ‚Osten' noch weitaus vager in ihren Bedeutungen und Zuschreibungen, wie auf Abbildung 4 über mögliche Verortungen des Westens sowie auf Abbildung 5 über solche des Ostens zu sehen ist. Bei einem Vergleich der Abbildungen wird auch erkennbar, dass Westen und Osten nicht immer als komplementär vorgestellt werden, und dass sich der Westen nicht immer von einem konkret als Osten vorgestellten Anderen abgrenzt, sondern mitunter auch gleich vom Rest der Welt. Dies weist auf eine eurozentrischen Sichtweisen nahestehende Selbstverortung des Westens hin, die auch in der folgenden Gegenüberstellung und den Zuschreibungen von Westen und Osten zum Ausdruck kommt:

---

233 Ebenso wenig wie vom ‚Okzident' und ‚Orient'. Lewis/Wigen (1997:53-57) versuchen zwischen Osten, Orient und Asien idealtypisch zu unterscheiden, in dem sie Asien als eine geographisch, Orient als eine historisch-kulturell und Osten als eine geopolitisch vorgestellte Größe auffassen. Am groben Raster dieser Unterscheidung wird deutlich, wie sehr die Begriffe dennoch zusammenhängen und einander überlappen können.
234 Als Beispiel Goody (1996:2f.).
235 Als Beispiel Jahn (1990:421).
236 Als Beispiel Schwab (1984:1).
237 Als Beispiel Szűcs (1983:132f.).

The key components of the Western cluster comprise a familiar list. European civilization is said to be characterized by a compulsion to control and manipulate nature; a tendency to regard the self as an autonomous agent in competition with others; a restless desire for growth and development; a keen appreciation of personal freedom; a hunger for material wealth; a practical, this-worldly orientation that seeks social betterment through technological means; and perhaps above all, a commitment to rational inquiry. The Eastern mind has been defined in opposite terms. Put simply, the essence of the East is seen as manifest in communitarian, aesthetic, and other-worldly values, extolling the submission of the individual to a timeless, mystical whole.[238]

Sich nach Osten hin abzugrenzen, ist auch *innerhalb* von Europa üblich. Neben der Abgrenzung von West- und Osteuropa gibt es zudem die Alternative eines dazwischen liegenden ‚Mitteleuropas', die von der Vorstellung einer privilegierten Mitte ausgeht.[239] Auch was Mitteleuropa betrifft, gibt es in verschiedenen Narrationen eine Vielzahl an möglichen Einteilungsschemata, wie auf Abbildung 6 zu sehen ist. Die Abgrenzung Mitteleuropas erfolgt dabei vor allem und vehement nach Osten, nach Westen meist weniger intensiv. Dies liegt daran, dass der Westen im Gegensatz zum Osten meist positiv konnotiert ist. Die Mitte wird deshalb entweder als eigenständige Einheit zwischen Ost und West betrachtet oder aber als eigentlich zum Westen gehörig.[240] Im Folgenden werden beispielhafte Narrationen über Mitteleuropa betrachtet, die vor allem zwischen dem Ende des 19. Jahrhunderts und dem beginnenden 21. Jahrhundert in Deutschland und in den Staaten zwischen Deutschland und Russland erzählt wurden.

---

238   Lewis/Wigen (1997:73).
239   Schultz (2002:350) weist zum Beispiel auf diese Vorstellung in der Geographie und auf ihre Rolle in eurozentrischen Weltbildern hin: „Eines der wichtigsten und hartnäckigsten Motive unter den geographischen Raum-Mythen bis heute ist die [...] uralte Denkfigur der privilegierten *Mitte*, die mit der wachsenden Vormachtstellung Europas in der Welt immer entschiedener mit diesem verknüpft wurde." – In dem Dokumentarfilm „Die Mitte" aus dem Jahr 2003 wird aus zwölf Orten berichtet, die alle den Anspruch erheben, die Mitte Europas zu sein. Ob sie nun in Litauen, Österreich, Polen, der Slowakei oder der Ukraine liegt – auch in diesem lokalisierten Zusammenhang wird deutlich, dass die Mitte von Europa – vor allem in dessen so genanntem Osten – ein attraktiver Ort respektive Raum ist. Wie es im Begleittext des Filmes (Ventura (2004)) heißt: „Wo sie also liegt, die Mitte Europas, ist keine Frage der Topographie sondern eine Sache des Glaubens. Sicher ist nur, dass sie sich östlich der Erwartung befindet."
240   Entsprechend gibt es keine den Mitteleuropa-Narrationen vergleichbaren Osteuropa-Narrationen, in denen dieses positiv gewertet und von Nicht-Osteuropa(s) abgegrenzt würde.

6.2   Hegemonie – Deutschland und Mitteleuropa

Wie oben geschildert wandelte sich der Nord-Süd-Gegensatz erst Anfang des 19. Jahrhunderts in einen west-östlichen. Dieser teilte Europa zunächst in zwei Hälften, wobei Frankreich und England die liberalen Westmächte bildeten, Russland, Preußen und Österreich die autoritären östlichen Mächte.[241] Dass sich aus dieser zwei- eine dreiteilige Vorstellung von Europa entwickeln konnte, ist vor allem auf zwei Tendenzen zurückzuführen: die verstärkte Wahrnehmung (groß-) ethnischer Bezüge zum einen und zum zweiten das aufkommende Nationalstaatsdenken.[242] Die Gliederung Europas in romanische, germanische und slawische Kulturkreise war dabei nicht deckungsgleich mit den Vorstellungen von West-, Mittel- und Osteuropa, beeinflusste diese aber stark. Bei Herder war die Wertung der östlichen, slawischen bzw. nicht-germanischen Gebiete noch positiv gewesen:

> Was für ein Blick überhaupt auf diese Gegenden von West-Norden [er schrieb dies 1769 während einer Schiffsreise auf der Ostsee, M.V.], wenn einmal der Geist der Kultur sie besuchen wird! Die Ukraine wird ein neues Griechenland werden: [...] aus so vielen kleinen wilden Völkern, wie es die Griechen vormals auch waren, wird eine gesittete Nation werden: ihre Gränzen werden sich bis zum schwarzen Meer hin erstrecken und von dahinaus durch die Welt. Ungarn, diese Nationen und ein Strich von Polen und Rußland werden Theilnehmerinnen dieser neuen Kultur werden [...].[243]

In den deutschen Narrationen des 19. Jahrhunderts jedoch ging es vornehmlich darum, in Mitteleuropa eine „germanisch-deutsche Hegemonie" zu errichten, die „Europa den Frieden, der Erde den Segen"[244] bringen würde.[245] Als die deutsche Staatsgründung 1871 dann in der kleindeutschen Variante unter Ausschluss Österreichs erfolgte, ermöglichte die Vorstellung von ‚Mitteleuropa' wiederum den begrifflichen Zusammenhalt des Hohenzollernreichs mit dem der Habsburger[246] und bildete den Anknüpfungspunkt für stärker wer-

---

241   Vgl. Groh (1988:217) über verschiedene zeitgenössische Konzeptionen der europäischen ‚Pentarchie'.

242   Jahn (1990:425f.).

243   Herder (1878:402).

244   Rohmer zitiert in Schultz (2002:353).

245   Vgl. Philipps (2008) zu deutschen Mitteleuropa-Narrationen vor der deutschen Staatsgründung 1871.

246   Deutsche Mitteleuropa-Narrationen standen meist auch in Bezug zu älteren Reichsvorstellungen, die in der kleindeutschen Staatsgründung zugunsten einer nationalstaatlichen Konzeption und unter Ausschluss großer ‚deutscher' Gebiete aufgege-

dende Expansionsvorhaben.[247] Auch der Historiker und Publizist Constantin Frantz lehnte die kleindeutsche Reichsgründung ab und propagierte stattdessen die Idee eines föderativen mitteleuropäischen Bundes, der die kriegerische Spaltung Europas in militaristische, einander feindliche Nationen und Großmächte überwinden sollte:

> Ist nun aber gerade das neue Deutschland die Basis des heutigen Militarismus geworden, so ist andererseits auch kein Umschwung möglich, der nicht von eben daher käme. Und dazu würde nichts anderes gehören, als die Begründung des *mitteleuropäischen Bundes*. Denn bestände derselbe, so würde schon sein bloßes Dasein bewirken, daß Rußland sich definitiv auf Asien hingewiesen sähe, wo allein es seine Thatkraft zu entfalten hat, weil es da wirklich civilisatorisch wirkt, wie dahin allein auch seine realen Interessen zielen.[248]

Die Befriedung nach innen sah Frantz dabei allerdings nur als möglich an, wenn zugleich Mitteleuropa sich nach außen vom osteuropäischen und auf ein ,Engagement' in Asien verwiesenen Russland abgrenzte und zugleich eine eigene Expansionspolitik betriebe, um „seine Thatkraft auf ein gemeinsames Ziel zu richten, welches kein anderes sein kann, als die Occupation und Regeneration des Orients".[249]

Im 1915 erschienenen Buch „Mitteleuropa" des liberalen Politikers und Theologen Friedrich Naumann, der bis heute bekanntesten deutschen Narration über Mitteleuropa, war es im Gegensatz zur Frantz'schen antimilitaristischen Konzeption gerade der Krieg, der allein zur Bildung Mitteleuropas führen konnte:

> Während ich dieses schreibe, wird im Osten und Westen gekämpft. Absichtlich schreibe ich *mitten im Krieg*, denn nur im Krieg sind die Gemüter bereit, große umgestaltende Gedanken in sich aufzunehmen. Nach dem Krieg kommt dann sehr bald die Alltagsseele wieder aus ihrem Versteck heraus, und mit der Alltagsseele läßt sich Mitteleuropa nicht machen. [...] Das, wovon ich reden will, ist das Zusammenwachsen derjenigen Staaten, die weder zum englisch-französischen Westbunde gehören noch zum russischen Reiche, vor allem aber ist es *der Zusammenschluß des Deutschen Reiches mit der österreichisch-ungarischen Doppelmonarchie*, denn alle weiteren Pläne über mitteleuropäische Völkerverbindun-

---

ben worden waren. So konnte später auch der NS-Historiker Rumpf (1942:527, 524) äußern: „In keiner ihrer Versionen vermag die Mitteleuropaidee völlig ihre Verwandtschaft mit dem alten universalen Reichsgedanken zu verleugnen." „Insoweit ist Mitteleuropa das Reich ohne dessen Mythus."

247   Jahn (1990:425).
248   Frantz (1879:402).
249   Frantz (1879:406).

gen hängen davon ab, ob es gelingt, zuerst die zwei Zentralstaaten selber zusammenzufassen.[250]

Für Naumann existierten bis zu dem Zeitpunkt nur die drei Weltstaaten Großbritannien, Amerika und Russland[251], wenn aber Deutschland und Österreich der Zusammenschluss gelänge, könnten diese beiden als vierte ‚Sonne' wietere ‚Trabanten' an sich binden.[252] Seine Narration gegenüber den kleineren ‚Trabantenstaaten' zwischen Deutschland und Russland war zwar im Vergleich zu den meist germanisch-chauvinistischen Narrationen der Zeit recht moderat,[253] nichtsdestotrotz ging es auch in Naumanns, sich von West- und Osteuropa abgrenzender Mitteleuropakonzeption um ein deutsch dominiertes Raumkonstrukt.

6.3   Mitteleuropa nach den Weltkriegen

Nach dem Ersten Weltkrieg sah die politische Landkarte Europas jedoch anders aus: Die Reiche der Hohenzollern und Habsburger waren wie das der Romanovs untergegangen und hatten Platz gemacht für viele kleine Nationalstaaten zwischen Russland und Deutschland. In diesen neu und wieder gegründeten Staaten entstanden Narrationen, denen die Ausgrenzung Deutschlands und (Sowjet-) Russlands aus Mitteleuropa gemeinsam war, unabhängig davon, ob sie die kleinen mitteleuropäischen Staaten als lose Gruppe oder als Föderation betrachteten.[254] Versuche wie in den tschechischen Narrationen über ein „Střední Evropa"[255] oder „Nová Evropa"[256], ein gemeinsames Mitteleuropaverständnis der kleinen westslawisch-ungarischen Völker zu

---

250   Naumann (1915:1).

251   Interessant ist, wie Naumann (1915:168) seine Einordnung Russlands als europäisches, aber eben auch östliches, sprich osteuropäisches Land formuliert: „Der Russe kann auf seine Weise wahrhaftig regieren und hat eine Diplomatie, die auf lange Reihen von Erfolgen zurückblickt. Dabei werden allerdings oft Mittel angewendet, die sehr robuste Gewissen voraussetzen. Er trägt Handschuhe, aber die Handschuhe haben Löcher."

252   Naumann (1915:165-167).

253   Okey (1992:116f.). In der Arbeit des NS-Historikers Rumpf (1942) wird denn auch Naumanns Mitteleuropa-Narration unablässig angegriffen.

254   Mikkeli (1998:181).

255   Meyer (1946:192).

256   Masaryk (1920).

schaffen, erreichten jedoch in der Zwischenkriegszeit nie eine Intensität und
Bedeutung, die der deutschen Mitteleuropadiskussion bis zum Ersten Weltkrieg vergleichbar gewesen wäre. Vielmehr führten übersteigerte Bedürfnis-
se, die zuvor unterdrückte nationale Selbstbestimmung nachzuholen, dazu,
dass je eigene großstaatliche Träume unter nationalistischen Vorzeichen diesen übergreifenden Ideen kein Gelingen ließen. Auch gegen das erstarkende
Nazi-Deutschland ließ sich kein gemeinsames Vorgehen entwickeln, stattdessen fielen die mitteleuropäischen Staaten, wenn sie nicht ein Bündnis mit
den Westmächten suchten, kurz vor und während des Zweiten Weltkrieges
militärisch übereinander her und steuerten mit Ausnahme Polens sogar in
abhängige Kooperation mit Nazi-Deutschland.[257]

In Deutschland waren Narrationen über Mitteleuropa auch nach der Nieder-
lage im Ersten Weltkrieg präsent. Zum Teil wurde versucht, Mitteleuropa
durch den Begriff ‚Zwischeneuropa' zu ersetzen, da ‚Mitteleuropa' als Begriff
des kaiserlichen Imperialismus kompromittiert war,[258] meist wurde er aber
weiterverwendet und zudem zwischen einem Mittel- und einem Zwischeneuropa unterschieden. Mitteleuropa stand in diesen Narrationen dann für die
vornehmlich deutschen Siedlungsgebiete, während unter Zwischeneuropa die
zwischen diesen und Russland gelegenen Länder verstanden wurden,[259] bei
denen es im Mittelalter nicht ‚gelungen' war, sie zu einem ethnisch deutschen
Territorium zu machen.[260] Ein Mitteleuropa, aus dem Deutschland wie in den
westslawisch-ungarischen Narrationen ausgeschlossen wurde, war in den
deutschen hingegen nicht vorstellbar: „Mitteleuropa wird mit dem deutschen

---

257   Jaworski (1988:540-542); Jahn (1990:430).
258   So etwa durch den NS-Journalisten Wirsing (1932:7f.). Auch in nicht-deutschen und
      Deutschland aus Mitteleuropa ausschließenden Narrationen wird später meist der
      Begriff ‚Mitteleuropa' als deutsch zurückgewiesen und stattdessen von ‚Zentral-
      europa' gesprochen. In der vorliegenden Arbeit wird allerdings um der Leserlichkeit
      willen auch dann der Begriff ‚Mitteleuropa' verwendet.
259   Vgl. auch Naumanns (1915:168) Begriff der zwischen Deutschland und Russland
      gelegenen ‚Zwischenvölker': „Die Russen haben in aller Roheit ihres Wesens einen
      nicht wegzuleugnenden Zauber, der von ihnen auf halbzivilisierte Völker ausgeht.
      Wir begegnen dieser für uns schwer verständlichen Anziehungskraft des Russen-
      tums an unserer ganzen Ostgrenze, bei allen Zwischenvölkern von Finnland bis
      zum Balkan, die alle in ihren Gefühlen schwanken, ob ihnen nicht doch der ungere-
      gelte Russe in seiner Naturkraft lieber ist, als der für sie allzu verständige peinliche
      Deutsche."
260   So etwa der österreichische Historiker und Nationalsozialist Srbik (1937:5f.).

Volke gebaut werden; oder es wird *nicht* gebaut werden."[261] Von diesen Narrationen war es dann nur noch ein kleiner Schritt zu solchen, mit denen die
Nationalsozialisten ihren ‚Drang nach Osten', ihre Annexionen und Eroberungen legitimierten: „Die politische Tatsache ‚Mitteleuropa' ist heute geschaffen.
Um ihre Erhaltung kämpft die größte Militärmacht der Welt."[262]

Nach dem Zweiten Weltkrieg hörte Mitteleuropa auf zu existieren.[263] Für Mitteleuropa war kein Platz mehr zwischen West- und Osteuropa, in das, wie auf
Abbildung 7 zu sehen ist, die zwei neu entstandenen, einander entgegen-
gesetzten Blöcke Europa entlang eines Eisernen Vorhangs geteilt hatten, wie
es Winston Churchill formulierte:

> From Stettin in the Baltic to Trieste in the Adriatic an iron curtain has descended
> across the Continent. Behind that line lie all the capitals of the ancient states of
> Central and Eastern Europe. Warsaw, Berlin, Prague, Vienna, Budapest, Belgrade,
> Bucharest and Sofia; all these famous cities and the populations around them lie in
> what I must call the Soviet sphere, and all are subject, in one form or another, not
> only to Soviet influence but to a very high and in some cases increasing measure
> of control from Moscow.[264]

Der Ost-West-Konflikt des Kalten Krieges prägte die Narrationen nachhaltig.
Bis es in den 1980er Jahren zu einer neuen Mitteleuropadiskussion kam,
wurde fast nur noch zwischen Westen und Osten unterschieden.[265] Entsprechend wurde in Narrationen vom ‚Weltgegensatz' von West und Ost erzählt,

---

261 Haushofer (1930:152). – Die deutsche Bezeichnung ‚Ostmitteleuropa' kann – auch
     wenn der Kontext mitunter ein anderer ist – als Kompromiss betrachtet werden.
     Hierbei wird das Gebiet zwischen Deutschland und Russland zum einen als mittel-
     europäisch bezeichnet, zum zweiten aber mit einem ‚östlichen' Charakter versehen.
     Zudem ist Deutschland somit aus Mitteleuropa ausgeschlossen, sondern wird
     als kaum verwendetes ‚Westmitteleuropa' schweigend mitgedacht. Auf ‚Ostmittel-
     europa' wird in dieser Arbeit nicht gesondert eingegangen, es sei verwiesen auf
     Zernack (1977:33-41), Jaworski (1992) und Troebst (2005).
262 Rumpf (1942:510). Vgl. ausführlich Meyer (1955:315-323) über nationalsozialis-
     tische Narrationen über Mitteleuropa.
263 Vgl. in diesem Zusammenhang die Formulierung von Ash (1989:161): „For three
     decades after 1945, nobody spoke of Central Europe in the present tense: the thing
     was one with Niniveh and Tyre. In German-speaking lands, the very word *Mittel-
     europa* seemed to have died with Adolf Hitler, surviving only as a ghostly *Mitropa*
     [= Mitteleuropäische Schlaf- und Speisewagen AG, M.V.] on the dining cars of the
     [DDR-] Deutsche Reichsbahn."
264 Churchill (1946).
265 Die neutralen ‚blockfreien' Staaten passten dabei nicht in das Ost-West-Schema,
     stellten keine ‚Mittelposition' dar.

ohne dass Mitteleuropa in der Retrospektive vorgekommen wäre,[266] und die Trennung in West und Ost wurde zum „Bestand europäischer Identität"[267] gerechnet.

6.4   Emanzipation – Mitteleuropa und der Ost-West-Konflikt

Nach dem Zweiten Weltkrieg hatte nicht nur das politische Mitteleuropa aufgehört zu existieren, auch kulturhistorisch begründete Mitteleuropa-Konzeptionen waren von den Landkarten verschwunden. Diese waren in einem romantisierenden Rückblick entstanden,[268] als ‚mitteleuropäische' Intellektuelle[269] in den 1970er und 1980er Jahren versuchten, sich vor allem von der (sowjet-) russischen Bevormundung im ‚Ostblock' zu emanzipieren.[270] In ihren Narrationen ging es dabei nicht, wie in denen der Zwischenkriegszeit, um die Errichtung eines politisch oder ökonomisch geeinten Mitteleuropas, sondern um die Rekonstruktion einer im Ost-West-Konflikt untergegangenen Kulturlandschaft.[271]

Der ungarische Historiker Jenő Szűcs lieferte in seiner Narration eine in das Mittelalter zurückreichende religiöse und soziohistorische Erklärung für die Entstehung dieser mitteleuropäischen Kulturlandschaft zwischen West und Ost. Ihm zufolge stellte Europa zunächst das Gebiet des christlichen, karolingischen Frankenreichs dar und erweiterte sich mit der Ausbreitung des Christentums langsam nach Osten. Die Spaltung der christlichen Kirche teilte dann das christliche Europa in einen lateinischen Westen und einen orthodoxen

---

266   Vgl. Groh (1988 [Orig.: 1961]) als Beispiel.
267   Weidenfeld (1985:23).
268   Während es in den früheren Mitteleuropadiskussionen vornehmlich darum gegangen war, Mitteleuropa erst zu erschaffen, ist für die Narrationen der 1980er Jahre Schlögel (2002a:17) zuzustimmen, der fragt: „Ist Mitteleuropa nicht überhaupt eine Projektion der Nachgeborenen in die Vergangenheit?"
269   Es waren vor allem aber nicht ausschließlich Intellektuelle aus den Nachfolgestaaten des Habsburgerreiches.
270   Zu Abgrenzungen ‚Mitteleuropas' von einem als anders vorgestellten ‚Balkan' vgl. Todorova (1997:140-160). Sie, die sich im Interesse einer ‚angemessenen' Repräsentation des Balkans von diesen Mitteleuropa-Narrationen distanziert, kommentiert im Gegenzug die Zuschreibung zu Mitteleuropa in Abgrenzung zu Osteuropa wie folgt: „[...] Central Europe was an East European idea [...]" (Todorova (1997:150)).
271   Vgl. Jaworski (1988:543).

Osten.[272] Ab 1500 aber veränderten sich im Zuge der ‚Türkengefahr' die öko-nomischen und sozialen Strukturen im östlichen, noch nicht so lange zum Westen gehörenden Teil des Westens – das ist der Teil, in den das Christen-tum erst nach dem Ende des Karolingerreiches gelangte, in dem sich die Or-thodoxie später aber nicht durchsetzen konnte. Dieser Prozess vollzog sich nach ‚östlichen Prinzipien' von autoritärer Herrschaft und unfreier Gesell-schaft, so dass die östliche Grenze des Westens wieder dorthin zurückge-schoben wurde, wo sie zur Karolingerzeit schon einmal die Grenze Europas dargestellt hatte.

So roughly speaking, the coordinates were now as follows: the first expansion of the Barbarian peoples, having engulfed the western heritage of Rome, led to the birth of the notion of the „West" (500-800); after the pacification of further Barba-rians the first great eastward and northward expansion of the West (1000-1300) enlarged the bounds of *Europa Occidens* (to include Northern, and East-Central Europe), while a „truncated" Eastern Europe and South-Eastern Europe in the meantime took shape under the sphere of influence of Byzantium, which had inher-ited Rome's mantle in the East [...]. Modern Times arrived from two directions: one was the second great expansion of the West (1500-1640) which by stretching over the Atlantic connected America to itself (and later absorbed Scandinavia too), and the other was the great expansion of „truncated" Eastern Europe, which created a „complete" Eastern Europe by annexing Siberia, which stretched to the Pacific. East-Central Europe became squeezed between those two regions, and at the dawn of Modern Times it was obliged to notice with some defensive amazement that while history had redrawn a border that had been thought to have faded, from the South the last (and strongest) [Turkish, M.V.] wave of the previous thousand years of invasions from Asia Minor was lapping against its borders, and that it no longer knew whether it still belonged within the framework of *Europa Occidens* or whether it remained outside it.[273]

Für Szűcs ist Mitteleuropa somit ursprünglich Teil der ‚Idee des Westens', in welchem aber die den Westen auszeichnenden Elemente ihre Wurzeln nicht tief genug schlagen konnten, bevor sie dann nach ‚östlichen Prinzipien' modi-fiziert wurden.[274] Während sich der Westen wie der Osten auf ihre je eigenen, antagonistischen Weisen entwickelten, geriet Mitteleuropa durch die ‚Türken-gefahr' in die Defensive und konnte den eigentlich eingeschlagenen, west-

---

272   Szűcs ist ein Beispiel dafür, dass Vorstellungen eines (lateinisch-) christlichen Eu-ropas nicht verschwunden sind. Ein ‚westliches' zeitgenössisches Beispiel hier ist Huntington (1996:157f.): „Europe ends where Western Christianity ends and Islam and Orthodoxy begin."
273   Szűcs (1983:134f.).
274   Szűcs (1983:153-156).

lichen Weg nicht weitergehen.[275] Durch den fortdauernden Einfluss der westlichen Kirchen wurde es zwar nicht zu einem Teil des Ostens, es übernahm
aber von diesem – anstatt wie der Westen die Bauern zu befreien und Vorstellungen von persönlicher Freiheit zu entwickeln – das Konzept des „second serfdom"[276]. Dieses bestand Szűcs zufolge in Mitteleuropa noch immer
und wartete darauf abgeschafft zu werden.[277]

Auch für Milan Kundera, der Mitte der 1970er Jahre aus der sozialistischen
Tschechoslowakei nach Frankreich emigriert war, wurden die Entwicklungen
in der Mitte von West und Ost entschieden, allerdings ging sein Blick nicht so
weit zurück in die Geschichte. Zudem betonte er die eigenständige und vor
allem eigenwertige Entwicklung der Mitte zu einem kulturlandschaftlichen Mitteleuropa als ein vielfältiges und verdichtetes, als das ‚wahre' Europa im Kleinen.[278] Dessen kulturellen und intellektuellen, eine ‚spirituelle' Einheit stiften-
den Kitt stellte dabei für ihn die kosmopolitische, im Zweiten Weltkrieg später
fast völlig ausgelöschte jüdische Bevölkerung dar.[279] Mitteleuropa war für ihn

---

275   Szűcs (1983:156, 161).
276   Szűcs (1983:168).
277   Szűcs (1983:180f.).
278   Vielfältigkeit als besonderes Merkmal Mitteleuropas wird etwa auch bei Schlögel
      (2002a:37f.) thematisiert. In seiner Narration waren die Menschen in der mittel-
      europäischen Kulturlandschaft „polyglott, multikonfessionell, multikulturell. Wir sind
      zum Beispiel böhmische Untertanen, die in den Amtsstuben deutsch sprechen und
      ins tschechische Theater gehen. Wir sprechen deutsch, stehen in russischen Dien-
      sten und bedienen uns des Estnischen oder Lettischen. Wir sprechen jiddisch, erle-
      digen unsere staatsbürgerlichen Angelegenheiten beim polnischen Wojewoden,
      kommen auf dem Lemberger Markt aber nur mit Ruthenisch zurecht. Wir entwickeln
      Dialekte, die nur dort entstehen können, wo magyarisches, slowakisches, rumäni-
      sches und schwäbisches oder sächsisches Deutsch aufeinandertreffen. Wir spre-
      chen Wasserpolnisch. […] Nirgendwo wird Gott in so vielen Bekenntnissen geprie-
      sen wie bei uns. Wir brauchen uns nicht zu entscheiden zwischen Katholizismus
      und Luthertum. In unseren Städten studieren wir das Alte und das Neue Testament,
      die Bibel und den Talmud, Darwin und Marx. […] Wir sind auf engstem Raum Ka-
      tholiken, Lutheraner, Zwinglianer, Calvinisten, Bekenner der serbischen, armeni-
      schen, russisch-orthodoxen und griechisch-katholischen Kirche, Juden und Atheis-
      ten".
279   Kundera (1983:15). In Narrationen, in denen wie bei Schlögel (2002a:42f.) Deutsch-
      land nicht aus Mitteleuropa ausgeschlossen wurde, waren neben den Juden auch
      die Deutschen, die vor dem Zweiten Weltkrieg in den Ländern östlich des Deut-
      schen Reiches verstreut lebten, ein solches Bindemittel.

kein staatliches Gebilde,[280] sondern eine Kultur oder ein Schicksal.[281] Es war die unsichere Zone kleiner Nationen zwischen Russland und Deutschland, deren Existenz von beiden Seiten immer in Frage gestellt und vernichtet werden konnte, und die sich dieser Bedrohung vor allem immer bewusst war.[282] Zu Mitteleuropa gehörte für Kundera insbesondere Russland nicht hinzu, denn es stellte den als elementar vorgestellten Gegensatz zu den kleinen, vielfältigen mitteleuropäischen Nationen dar:

> En effet, rien ne pouvait être plus étranger à l'Europe centrale et à sa passion de diversité que la Russie, uniforme, uniformisante, centralisatrice, qui transformait avec une détermination redoutable toutes les nations de son empire [...] en un seul peuple russe [...;] ce monde [russe] nous envoûte et nous attire quand il est loin, et il révèle toute sa terrible étrangeté dès qu'il nous encercle de près: il possède une autre dimension (plus grande) du malheur, une autre image de l'espace (espace si immense que des nations entières s'y perdent), un autre rythme du temps (lent et patient), une autre façon de rire, de vivre, de mourir. C'est pourquoi l'Europe que

---

280   Vgl. hierzu Jaworski (1988:545f.): „Hervorstehendes Merkmal des kulturhistorischen Verständnisses Mitteleuropas ist eine bewußte Unabhängigkeitserklärung von politischen Staats- und Systemgrenzen und ein ausgesprochen regionalistischer Grundzug. Mitteleuropa verstanden als eine vielgliedrige Kulturlandschaft setzt sich in erster Linie aus städtischen Kulturzentren (Wien, Prag, Budapest usw.) und aus Regionen zusammen, und nicht so sehr aus kompletten Staats- und Nationalgebilden. Nur Ungarn, die Tschechoslowakei und Österreich gehen darin rein rechnerisch in ihrer Gesamtheit auf. Bei Polen denkt man unter dieser Perspektive schon mehr an Krakau und Galizien als an Warschau. Von Jugoslawien werden konsequent nur die nördlichen slowenisch-kroatischen Landesteile hinzugerechnet, von Italien die Triester und Friauler Region. Und wenn deutsche Territorien in Betracht gezogen werden, dann sind es in erster Linie Bayern und Sachsen wegen ihrer Nähe zu Schlesien, Böhmen und Österreich. In dieser Gliederung manifestiert sich ein heute in ganz Europa spürbarer Trend zu regionaler Selbstbesinnung, zugleich sind mit dieser Abgrenzung aber auch die Konturen und Kraftlinien der untergegangenen Habsburgermonarchie noch einmal nachgezeichnet. Die Habsburgermonarchie als Bollwerk mitteleuropäischer Selbständigkeit und Modell multinationalen Zusammenlebens spielt in der heutigen Diskussion wieder eine hervorragende Rolle." Für Szűcs hingegen war die Ausbreitung der Habsburgermonarchie (und Preußens) im Gegensatz zu den meisten anderen Narrationen in den 1980er Jahren neben der ‚Türkengefahr' Teil der mitteleuropäischen ‚Katastrophe', die Mitteleuropas westliche Entwicklung beendete. – Eng verbunden mit einem als Habsburg vorgestellten Mitteleuropa sind Narrationen über ein Europa, das „wesentlich aus dem Geist der Kaffeehäuser geboren" ist (Steiner (2005:128). Vgl. in diesem Zusammenhang auch Drakulić (1997:6-13) über die in südost- und mitteleuropäischen Städten weitverbreitete Bezeichnung „Café Europa", die sie als Symbol für den Anspruch auf Zugehörigkeit zum Westen auffasst.

281   Kundera (1983:13).

282   Kundera (1983:15).

j'appelle centrale ressent le changement de son destin après 1945 non seulement comme une catastrophe politique mais comme la mise en question de sa civilisation. Le sens profond de leur résistance, c'est la défense de leur identité; ou, autrement dit: c'est la défense de leur occidentalité.[283]

Jedoch bestand für Kundera die ‚Tragödie Mitteleuropas' nicht so sehr in Russland, sondern in Europa selbst, das für ihn gleichbedeutend war mit dem Westen, der aus Mitteleuropa ‚gekidnappt' worden war und nichts gegen die Entführung durch den Osten unternahm.[284] Mitteleuropa wurde von ihm gerade deshalb als eine Kulturlandschaft vorgestellt, da Mitteleuropa für ihn, wenn es auch politisch durch die (sowjet-) russische Herrschaft Teil des Ostens war, noch immer kulturell zum Westen gehörte.

As a concept of cultural history, Eastern Europe is Russia, with its quite specific history anchored in the Byzantine world. Bohemia, Poland, Hungary, just like Austria, have never been part of Eastern Europe. From the very beginning they have taken part in the great adventure of Western civilization, with its Gothic, its Renaissance, its Reformation – a movement which has its cradle precisely in this region. It was here, in Central Europe, that modern culture found its greatest impulse: psychoanalysis, structuralism, dodecaphony [...]. The postwar annexation of Central Europe [...] by Russian civilization caused Western culture to lose its vital center of gravity.[285]

Aufgrund der Kultur gehörte Russland nicht mehr zu Europa, war der Osten nicht mehr europäisch. Kundera führt hier unter anderem das abweisende Ur-

---

283   Kundera (1983:8-10). Übersetzung M.V.: „Tatsächlich könnte nichts für Mitteleuropa und für seine Liebe zur Vielfalt befremdlicher sein, als das einförmige, vereinheitlichende und zentralisierende Russland, welches mit einer furchterregenden Entschlossenheit alle Nationen seines Reiches [...] in ein einziges russisches Volk verwandelt hat [...;] diese [russische] Welt zieht uns an und in ihren Bann, wenn sie fern ist, und sie offenbart ihre ganze schreckliche Fremdartigkeit sobald sie uns von Nahem umfasst: Sie hat eine andere (größere) Dimension des Unglücks, eine andere Vorstellung des Raumes (eines Raumes, der so groß ist, dass sich ganze Nationen darin verlieren), einen anderen Rhythmus der Zeit (langsam und geduldig), eine andere Art zu lachen, zu leben, zu sterben. Deshalb empfindet das Europa, das ich Mitteleuropa nenne, die Wendung seines Schicksals nach 1945 nicht nur als politische Katastrophe sondern als das Infragestellen seiner Zivilisation. Der tiefere Sinn seines Widerstands ist die Verteidigung seiner Identität; oder anders gesagt: es ist die Verteidigung seiner Westlichkeit."

284   „La tragédie de l'Europe centrale" ist der Untertitel der französischen Erstausgabe von Kunderas Essay, der für die englische und deutsche Übersetzung zum Titel werden und Bekanntheit erlangen sollte; der Titel der französischen Erstausgabe lautet: „Un occident kidnappé".

285   Kundera zitiert in Matejka (1990:131).

teil des polnischen Schriftstellers Kazimierz Brandys über die russische Literatur an:

> Le destin russe ne fait pas partie de notre conscience; il nous est étranger; nous
> n'en sommes pas responsables. Il pèse sur nous, mais il n'est pas notre héritage.
> Tel était aussi mon rapport à la littérature russe. Elle m'a effrayé. Jusqu'aujourd'hui
> je suis horrifié par certaines nouvelles de Gogol et par tout ce qu'écrit Saltykov-
> Chtchedrine. Je préférerais ne pas connaître leur monde, ne pas savoir qu'il
> existe.[286]

Europa bestand in Kunderas Narration dadurch nur aus einem Westen und
einer Mitte – nicht aber aus einem Osten.

Während bei Kundera die Abgrenzung Mitteleuropas nach Osten im Vordergrund stand, distanzierte sich das Mitteleuropa seines ungarischen Kollegen
György Konrád sowohl vom Osten wie auch vom Westen.[287] Konrád blickte
nicht so sehr in die Vergangenheit, sondern setzte seine Narration von Mitteleuropa als kultureller Einheit gegen das zeitgenössische Denken in politischen Blöcken:

> Im Vergleich zur geopolitischen Realität Osteuropas und Westeuropas existiert Mit-
> teleuropa heute lediglich als eine kulturpolitische Antihypothese. Da es Mittel-
> europa de facto nicht gibt, ist der mitteleuropäische Standpunkt ein blocktranszen-
> denter.[288]

Die Teilung Europas in nur einen Westen und einen Osten war dabei etwas
für Europa Fremdes, das nur durch die „Mitteleuropäisierung Mitteleuropas"
aufgehoben werden konnte.[289] Diesen „Traum von Mitteleuropa", das zwischen West und Ost vermittelte, formulierte Konrád folgendermaßen:

> Mitteleuropäer sein ist eine Haltung, eine Weltanschauung, eine ästhetische Sen-
> sibilität für das Komplizierte, die Mehrsprachigkeit der Anschauungsweisen. Seine
> Todfeinde verstehen, das ist die Strategie des Verstehens. Es gibt ein mitteleuro-
> päisches Tao. Umgeben von einem geheimnisvollen Geschmacksbündnis, von der
> Fähigkeit, auch ohne viele Worte zu verstehen, umgeben vom gemeinsamen Wör-

---

286 Brandys zitiert in Kundera (1983:9). Übersetzung M.V.: „Das russische Schicksal ist
   nicht Teil unseres Bewusstseins; es ist uns fremd; wir sind für es nicht verantwort-
   lich. Es lastet auf uns, aber es gehört nicht zu unserem Erbe. Derart war auch mein
   Verhältnis zur russischen Literatur. Sie hat mich erschreckt. Noch heute bin ich
   über bestimmte Novellen von Gogol entsetzt, und über alles, was Saltykov-Ščedrin
   geschrieben hat. Ich würde es vorziehen, ihre Welt nicht zu kennen, nicht zu wissen, dass sie existiert."
287 Konrád (1985:183).
288 Konrád (1986:90).
289 Konrád (1986:88f.).

terbuch ironischer Anspielungen. Von ähnlichen Vorstellungen über Liebe und Tod, aber auch über Ehe und Beerdigung. Mitteleuropäer sein heißt, die Vielfalt für einen Wert halten. Das wäre eine neuartige Weltanschauung.[290]

Um dies zu erreichen, um die Politik der Blöcke aufzulösen, müssten die Mitteleuropäer jedoch zuerst ein eigenes Selbstbewusstsein entwickeln, das Konrád in Abgrenzung zu den westlichen und östlichen Machtpolitiken als moralisch und ‚antipolitisch' bezeichnete:

> Antipolitik ist das Politisieren von Menschen, die keine Politiker werden und keinen Anteil an der Macht übernehmen wollen. Antipolitik betreibt das Zustandekommen von unabhängigen Instanzen gegenüber der politischen Macht, Antipolitik ist eine Gegenmacht, die nicht an die Macht kommen kann und das auch nicht will. Die Antipolitik besitzt auch so schon und bereits jetzt Macht, nämlich aufgrund ihres moralisch-kulturellen Gewichts.[291]

Welche Aussichten auf Erfolg aber hatte ein antipolitisches Mitteleuropa, wo es nach Konráds Auffassung zum Mitteleuropäertum dazugehörte, sich immer in der Minderheit zu befinden,[292] und wo es hieß: „Antipolitics is a product of living in defeat. How much would survive victory?"[293]

6.5   Mitteleuropa als Sprungbrett für und Rückzug vor Europa

Als die politische Teilung Europas in ausschließlich West oder Ost nach dem Fall der Berliner Mauer und dem Ende des Ost-West-Konflikts nicht mehr existierte, wurde es in der Tat deutlich stiller um die Idee eines gemeinsamen Mitteleuropas. Nationalistische Narrationen übertönten ähnlich wie in der Zwischenkriegszeit solche eines moralischen und antipolitischen Mitteleuropas zwischen Deutschland und Russland, so dass West- und Osteuropa als die Anderen in Mitteleuropa an Bedeutung verloren gegenüber dem, was ‚der Tscheche' für ‚den Slowaken', was ‚der Serbe' für ‚den Kroaten' darstellen konnte.[294] Vielfalt galt vielerorts somit gerade nicht mehr als Wert wie etwa für Konrád oder Kundera.

290   Konrád (1986:90).
291   Konrád (1985:213).
292   Konrád (1986:91).
293   Ash (1989:187).
294   Die Auseinandersetzungen um Grenzrevisionen und nationale Unabhängigkeit, die dann in den 1990er Jahren auch zu Kriegen führen sollten, hatte Schlögel (1990:9)

Auch gegenüber der Europäischen Union war das institutionelle Verhältnis der mitteleuropäischen Staaten recht ambivalent. Einerseits vermochten sie es nicht, als eine Einheit auf der politischen Bühne aufzutreten, und so verhandelte im Vorfeld des EU-Beitritts jedes Land die politischen und ökonomischen Vorgaben des ‚acquis communautaire' der Kopenhagener Kriterien einzeln mit der EU, obwohl ursprünglich die Absicht bestanden hatte, als sogenannte ‚Visegrád-Gruppe' gemeinsam gegenüber der EU aufzutreten.[295] Andererseits aber bedienten sie sich in den Beitrittsverhandlungen der Narration einer mitteleuropäischen Identität in Abgrenzung von einer osteuropäischen, das heißt nicht ‚ausreichend' europäischen Identität, um in den Beitrittsverhandlungen die Anerkennung ihrer ‚Europäizität' und folglich ihren Anspruch auf Zugehörigkeit zur Europäischen Union durchzusetzen.[296]

---

für das Mitteleuropa der kulturellen Vielfältigkeit zuvor bereits befürchtet, von diesem Mitteleuropa aber auch eine Vorbildfunktion bei ihrer friedlichen Lösung erhofft: „Im Europa der Vielfältigkeit, der nationalen Identitäten, des gelösten Drucks von außen geht das Gespenst des Nationalismus wieder um [...]. Im Europa nach dem Nachkrieg wird auch dieses Undenkbare [= heiße Konfliktaustragung] wieder denkbar. Dieses Europa ist nicht die große Versöhnung und nicht die Idylle, sondern ein Feld voller Risiken und Unkontrollierbarkeiten. Das mittlere Europa gehört in dieses Feld der Destabilisierung, der Dynamisierung, der Gewinnung eines neuen Gleichgewichts. Und wenn es eine zeitgemäße, eine ‚moderne Rolle' für Mitteleuropa heute gibt, dann ist es die: die Aufhebung der Teilung Europas evolutionär und nicht katastrophisch vollziehen zu können."

295 Die Staatschefs Ungarns, Polens und der Tschechoslowakei hatten 1991 im ungarischen Visegrád beschlossen, gemeinsame Anstrengungen der politischen und wirtschaftlichen Integration in EU und NATO zu unternehmen. Vgl. Lang (2004) über die Kooperationsbemühungen von Polen, Ungarn, Tschechien und der Slowakei in der Visegrád-Gruppe.

296 Neumann (1998:402-405); Kuus (2007a). Um zu betonen, dass man selbst noch zu Europa gehörte, war für diese Narrationen dabei die Vorstellung typisch, dass Osteuropa erst bei den nächsten Nachbarn im Osten anfange, dass also erst diese östlich und deshalb nicht europäisch seien. Neumann (1998:406f.) zeigt an einer Kette von Abgrenzungen, wie man selbst auf Kosten eines ‚östlicheren' Nachbarn noch zu Europa gehört: In slowenischen Narrationen gehöre Kroatien bereits zum Balkan, während die Kroaten die Serben in den Osten verweisen, die wiederum den Bosniaken keine ‚Europäizität' zuerkennen. Für Ungarn gehöre Rumänien schon nicht mehr zu Europa, wohingegen Rumänen ihre Zugehörigkeit zu Europa durch die Abgrenzung von der Ukraine belegen, die wiederum die Russen nicht für europäisch halten. Russen schließlich untermauern das Europäische ihres Landes mit Verweis auf die Türkei, welche eben nicht mehr zu Europa gehöre, und so weiter. – Anders sieht es aus bei der Betonung der ukrainischen ‚Europäizität' durch die poli-

Wenn einige jüngere Intellektuelle wie der polnische Schriftsteller Andrzej Stasiuk oder sein ukrainischer Kollege Jurij Andruchovyč in den letzten Jahren in ihren Narrationen an ein Mitteleuropa zwischen West und Ost anzuknüpfen versuchten, geschah dies unter anderen Vorzeichen als bei ihren Vorgängern in den 1980er Jahren: „Mitteleuropäer zu sein bedeutet: Zwischen dem Osten, der nie existierte, und dem Westen, der allzu sehr existierte, zu leben."[297] Auch sie grenzen Mitteleuropa historisch ab:

> Zwischen Russen und Deutschen eingezwängt zu sein ist die historische Bestimmung Mitteleuropas. Die mitteleuropäische Angst schwankt historisch zwischen zweierlei Sorge hin und her: die Deutschen kommen, die Russen kommen.[298]

Einerseits erfolgt die Abgrenzung in zwiespältiger Weise von Russland:

> Aus all dem folgt, daß mein Ostmitteleuropa identisch ist mit dem ehemaligen *Sozialistischen Lager*, dem *Ostblock*. [...] Mit anderen Worten, das sind jene Gebiete, wo sich fast ein halbes Jahrhundert lang Ansprüche an und eine Antipathie gegen Rußland angesammelt haben. [Dabei gesteht er eine „seltsame Liebe" zu Russland ein, diese ist] eine mitteleuropäische. Sie beinhaltet die Erinnerung an zugefügtes Leid, an jede Gasattacke in der Vergangenheit. Aber sie nimmt nicht Abschied von der Hoffnung. Die mitteleuropäische Liebe zu Rußland ist ganz und gar nicht Chimäre, sie ist Realität, sie ist überall dort anzutreffen, wo die Menschen noch Russisch sprechen und kyrillische Buchstaben lesen können (auch wenn sie es nicht immer wollen).[299]

Andererseits aber ist ihr Mitteleuropa zugleich auch eine distanzierende Reaktion auf die Gegenwart des Westens, auf Kapitalismus, Europäische Union und Globalisierung, die alte Traditionen und Verbindungen zerstören und ein Zusammengehörigkeitsgefühl in Mitteleuropa untergraben.[300] Mitteleuropa besteht für sie aus vielfältigen Streifen, Flecken und Flicken, welche

> zerfasern, ich aber will sie wieder zusammennähen und sei es mit den groben Fäden meiner eigenen Visionen und Ideen. Und dazu brauche ich noch eine territo-

---

tischen Führungen Polens und Litauens im Zuge der Orangenen Revolution und ihr Eintreten für die Ambitionen der Ukraine auf eine EU-Mitgliedschaft. Dies lässt sich jedoch so interpretieren, dass, nachdem Polen und Litauen wenige Monate zuvor selbst EU-Mitglieder geworden waren, die eigene Zugehörigkeit zu Europa durch die Aufnahme in die EU bereits anerkannt worden war. Daraufhin konnten sicherheitspolitische Überlegungen in den Vordergrund genommen werden, die es angebracht erscheinen lassen, die Grenze der EU weiter nach Osten zu verschieben, um nicht selber ‚Frontstaat' zu sein.

297   Stasiuk (2004:141).
298   Andruchowytsch (2004:43).
299   Andruchovyč (2003a:1220f.).
300   Hänschen (2004:51-56).

riale Ephemeride, eine Art geographischer Vision, eine parallele Wirklichkeit, die gestern noch in Mode war, heute aber kaum noch bei intellektuellen Banketten ausgekotzt wird – Mitteleuropa. Nicht Europa als solches, nicht dessen Dämmerung, sondern die Mitte, genauer der Osten, denn in Europa liegt der Osten paradoxerweise dort, wo die Mitte des Kontinents ist. Mitteleuropa, ein Kind von Kundera, Miłosz und Konrád, eine sonderbare Substanz aus Ideen, Gefühlen, Mystifikationen, eine amerikanische Erfindung enttäuschter Dissidenten. Wir stehen an der Schwelle seines endgültigen Untergangs, wenn man erst die Polen mit verschiedenen anderen Slowako-Ungarn in die NATO [das gleiche gilt für die EU, M.V.] und damit in den Westen, das „eigentliche Europa" aufnimmt, die Ukraine aber in eine neu aufgelegte slawische Föderation [...].[301]

---

301 Andruchowytsch (2003b:67).

7 Abgrenzungen in den Narrationen

An den hier dargestellten Narrationen kann exemplarisch betrachtet werden, wie zur Konstruktion von und zur Identifikation mit vorgestellten Gemeinschaften wie Europa bzw. Mitteleuropa diesen nicht-europäische Andere entgegengesetzt wurden und werden. Anhand der Narrationen über das Verhältnis von Europa und Russland ist zu sehen, wie Asien als Europas Anderes dazu dient, Russland entweder als Teil Europas darzustellen oder aber es aus Europa auszuschließen. Schließlich kann Russland auch als eigenständiger Gegensatz zu Europa aufgefasst werden. Die Zuschreibungen zu Westen und Osten werden dabei seit ihrem Auftreten in den Narrationen zu Anfang des 19. Jahrhunderts nicht immer deutlich von denen zu Europa und Asien unterschieden. Eher überlappen und verstärken sie sich, so dass Europa mitunter vom Osten abgegrenzt oder Russland dem Westen gegenübergestellt wird.

Bei der Betrachtung der Narrationen über das Verhältnis von Mittel- und Osteuropa ist dann zu sehen, wie die Zuschreibung ‚östlich' verwendet wird, um Osteuropa von einem als westlich vorgestellten Mitteleuropa abzugrenzen. Zugleich wird in diesen Narrationen Osteuropa als nicht ‚wirklich' europäisch aus Europa ausgeschlossen, um dadurch die eigene ‚Europäizität' zu unterstreichen. Während in Russland unter anderem Narrationen entstanden waren, die Russland gegenüber Europa eine eigene Wertigkeit zuschrieben und es von diesem distanzierten, gibt es solche bezüglich Osteuropa nicht; Osteuropa wird aufgrund der abwertenden Charakterisierung als östlich nicht zur Identifikation mit einer Gemeinschaft verwendet. Vielmehr wird dann eine Zugehörigkeit zu Mitteleuropa vorgestellt, das sich als eigenwertige Einheit gegenüber – vor allem – dem Osten wie auch dem Westen abgrenzen kann.

Zur Abgrenzung dienten und dienen in den Narrationen verschiedene Argumente und Merkmale der Unterscheidung. In einigen von ihnen wird ein solches Diakritikum alleine als entscheidend vorgestellt, häufig aber werden mehrere Diakritika kombiniert und vermischen sich, wie auch das folgende Beispiel von Richard Löwenthal aus der Mitte der 1980er Jahre zeigt:

Die gemeinsame Identität Europas bezieht sich auf jenen Teil unseres Kontinents, dessen Christentum nicht dauerhaft von Byzanz geprägt wurde und in dem sich antikes Erbe und christliche Neugestaltung – unter Einschluß ihrer Wurzeln in der jüdischen Prophetie – mit den Beiträgen der germanischen und keltischen Barbaren des Nordens schöpferisch vermischten. [...] Dieser kurze Überblick sollte klarmachen, in welchem Sinne die sowjetische Führung sich zu den Werten Europas eklektisch verhalten hat. Wir können sagen, daß die Sowjetunion sich, ähnlich wie viele Entwicklungsländer, aber mit größerem Erfolg als die meisten von ihnen, um die Übernahme westlicher Haltungen zu Wissenschaft, Technik und Arbeit bemüht hat, daß sie aber die Übernahme europäischer Vorstellungen von individuellen Rechten, Gruppenautonomie und Rechtsstaatlichkeit nach wie vor grundsätzlich ablehnt. Diese Feststellungen sollten genügen, um die These zu begründen, daß die Vorherrschaft der Sowjetunion in Ostmitteleuropa die Herrschaft eines Landes wesentlich nichtwestlicher Kultur über Völker bedeutet, deren Traditionen, ob in Polen, oder der ČSSR, in Ungarn oder der DDR wesentlich durch die westliche Kultur geprägt sind.[302]

Vorstellungen religiöser Unterschiede werden verbunden mit dem Vergleich (Sowjet-) Russlands mit ‚Entwicklungsländern', für die Europa Vorbild und Ziel darstellt, die ihm gegenüber aber weiter zurückstehen. Es wird an diesem Beispiel besonders deutlich, dass die Diakritika als Argumente einer interessenpolitisch motivierten Narration dienen (in diesem Fall: um einem als östlich und somit nicht-europäisch vorgestellten (Sowjet-) Russland ein Einflussrecht in Mitteleuropa durch eine Abgrenzung der beiden als einheitliche Räume abzusprechen).

Die Unterscheidungsmerkmale werden zu diesem Zweck als gegebene Tatsachen vorgestellt. Im folgenden, vierten Teil der Arbeit werden deshalb anhand der im dritten Teil dargestellten Narrationen einige ausgewählte Unterscheidungsmerkmale getrennt voneinander untersucht (Kapitel 8). Hierbei geht es darum zu analysieren, wie Religion, Kultur und Entwicklung, (Groß-) Ethnos (Slawen etc.) und Geographie (Kapitel 8.1 bis 8.4) zur Abgrenzung eines Selbst von einem Anderen verwendet werden. Nach diesen folgt die Untersuchung des politischen Interesses (Kapitel 8.5), das kein eigentliches Diakritikum darstellt, aufgrund dessen aber die Zuordnungen zu Europa oder Nicht-Europa erfolgen bzw. andere Diakritika entsprechend ausgewählt und vorgestellt werden. Nach der Untersuchung der Unterscheidungsmerkmale folgt die der axiologischen, praxeologischen und epistemologischen Achsen (Kapitel 9), entlang derer laut Todorov die Abgrenzung des Selbst vom Ande-

---

302   Löwenthal (1985:43, 55).

ren analysiert werden kann. Im Anschluss werden nach einer Zusammenfassung der Ergebnisse der Arbeit Schlussfolgerungen aus der in der vorliegenden Arbeit vorgenommenen Betrachtungen und Analysen gezogen und
ein Ausblick auf Europa als Thema volkskundlich-kulturwissenschaftlicher
Forschungen gegeben (Kapitel 10).

Teil IV

8 Diakritika

8.1 Religion

Seit der Verbindung der drei antiken geographischen Kontinente mit der Geschichte der drei Söhne Noahs existieren in Narrationen Vorstellungen von einem christlichen Europa. In Abgrenzung zu diesem entstanden – insbesondere vom Frankenreich Karls des Großen als späterem (EU-) ‚Kerneuropa' ausgehend – im Zuge kriegerischer Auseinandersetzungen mit Völkern wie den Arabern, Wikingern, Ungarn, Seldschuken, Mongolen und Türken Vorstellungen von nicht-christlichen Anderen, von einem nicht-christlichen Nicht-Europa. Auffassungen von einer christlich-europäischen Einheit nach innen entwickelten sich auf diese Weise im Wechselspiel mit der Gegenüberstellung äußerer, diese Einheit bedrohender nicht-christlicher Feinde. Von weitreichender Bedeutung war in diesem Zusammenhang die ‚Türkengefahr', gegenüber welcher es möglich war, innerchristliche Spaltungen zugunsten einer christlichen Einheit nach außen zurückzustellen. Vorstellungen eines christlichen Europas sind auch heute zu Beginn des 21. Jahrhunderts aktuell, wenn es etwa um die Frage der Aufnahme der Türkei in die Europäischen Union oder die Integration von Menschen muslimischen Glaubens in traditionell christliche Gesellschaften geht.

War es unter dem Eindruck einer nicht-christlichen Bedrohung von außen wie der ‚Türkengefahr' bei Piccolomini möglich, das orthodox-christliche Russland als Teil eines christlichen Europas zu bezeichnen, so war es in anderen Narrationen ebenso möglich, Russland gerade wegen seiner Orthodoxie mit religiösen Argumenten aus einem christlich vorgestellten Europa zu verweisen. Die Trennung von römischer und byzantinischer Christenheit führte aus der Perspektive der ersteren dazu, dass der Begriff ‚Europa' auf katholische und später auch protestantische Länder zu beschränken war. Auf diese Art konnte Russland aufgrund seines nicht ‚wahren' christlichen Glaubens auch als Teil Asiens vorgestellt werden bzw. wie bei Szűcs als östlicher, also nicht ‚echter' Teil Europas. Im Gegenzug dazu war es in russischen Narrationen auch möglich, Moskau als Drittes Rom oder wie bei Kireevskij Russland als aufgrund seiner Orthodoxie eigenständige Einheit aufzufassen.

Religion gilt in verschiedenen Narrationen als Europa abgrenzendes Diakritikum. Wie zu sehen ist, gibt es in ihnen allerdings keine einheitliche Auffassung darüber, wo die Grenzen eines als christlich vorgestellten Europas im Osten zu finden sind. Ebenso wurde in Narrationen mitunter das von christlichen ‚Europäern' besiedelte Amerika im Westen als Erweiterung Europas aufgefasst, bevor sich Narrationen durchsetzten, denen zufolge Amerika und Europa eigenständige Einheiten sind. Diese können wiederum als ‚Westen' zusammengefasst werden, dann aber ist Europa nicht mehr mit der von der Christenheit bewohnten Landmasse in Übereinstimmung. Die Inkonsistenz des religiösen Unterscheidungsmerkmals als solchem geht noch darüber hinaus. So wurden in den christlichen Europa-Narrationen weitere christliche Konfessionen wie etwa die sogenannten ‚monophysitischen' und ‚nestorianischen' Christen nicht berücksichtigt, die vor allem in den Teilen der Welt verbreitet waren und sind, die in Narrationen über ein Europa der Christenheit zu Afrika und Asien gerechnet werden.[303] Auch heute, da von weltweit knapp zwei Milliarden Christen nur ein gutes Viertel in Europa lebt, und dieses wiederum nur etwa siebzig Prozent der Gesamtbevölkerung Europas ausmacht, sind Christentum und Europa nicht deckungsgleich.[304] Des Weiteren ist, wie dies etwa Löwenthal oder Kundera tun, anzumerken, dass das religiöse Erbe Europas nicht nur im Christentum gesehen werden kann, sondern auch stark im Judentum.[305] Darüber hinaus kann der Islam nicht nur als konstitutives

---

303 Vgl. hierzu Toynbee (1954:727), demzufolge noch im 13. Jahrhundert, also lange nachdem Narrationen über ein Europa der Christenheit entstanden waren, in etwa so viele ‚monophysitische' und ‚nestorianische' Christen in Asien und Afrika lebten, wie katholische und orthodoxe im Europa der Christenheit.

304 Wikipedia (2009). Die Angaben beziehen sich auf das Jahr 2000.

305 Vgl. hierzu auch die Formulierung von Schavan (zitiert in Der Spiegel (2004b)): „Europa trägt das Erbe der Antike, der jüdisch-christlichen Tradition und der Aufklärung". Vorstellungen eines jüdisch-christlichen Erbes scheinen sich in den letzten Jahrzehnten vor allem in den Narrationen konservativer Politiker durchzusetzen.

Anderes für ein christliches Europa vorgestellt werden kann, sondern – wenn auch seltener – ebenso als ein Bestandteil Europas als Teil des religiösen Erbes Europas betrachtet werden.[306]

Außerdem ist die Ziehung der Grenze Europas entlang derjenigen zwischen der römischen und der byzantinischen Christenheit in Frage zu stellen. Die Abgrenzung Europas mit der Unterscheidung zwischen zwei Konfessionen innerhalb ein- und derselben Religion zu begründen, ist nicht überzeugend, wenn zugleich die Grenze zwischen anderen Konfessionen, nämlich der katholischen und der protestantischen Konfessionen, deren Anhänger sich blutiger bekämpft haben als Katholiken und Orthodoxe, nicht als Grenze Europas angesehen wird. Zudem ist die Grenzziehung zwischen Konfessionen überhaupt fraglich, wie das Beispiel der ‚griechisch-katholisch' genannten Kirchen in der Ukraine, Polen und anderen ‚mitteleuropäischen' Ländern zeigt, die einerseits dem orthodoxen Ritus folgen, andererseits gleichzeitig das Primat des katholischen Papstes in Rom anerkennen. Da sie somit weder der einen noch der anderen Konfession eindeutig zuzurechnen sind, ist auch keine überzeugende Grenzziehung zwischen diesen denkbar.[307]

8.2   Kultur und Entwicklung

Kultur[308] wurde bereits in den Reiseberichten des 16. Jahrhunderts zum Maßstab des Verhältnisses von Europa und Russland gemacht. Vor dem Hintergrund (west-) europäischer Entdeckungen in Übersee wurden die Russen nach dem Ende der Mongolenherrschaft in einigen Narrationen als neu entdeckte Barbaren aufgefasst, die Europa in einer neuen Völkerwanderung be-

---

306   Vgl. hierzu Todorova (1997:152f.), Kreis (2004:55) und ausführlich Goody (2004).
307   Vgl. hierzu Hann (2000:118f.), der anstelle irgendeiner Grenze zwischen Europa und Asien von einem einheitlichen ‚Eurasien' ausgeht: „[D]ifferences in religious tradition have persisted over time, but the history of the Greek Catholics points to flexibility and the continual potential for hybridity rather than a ‚fault line' that must forever divide a continent. [...] There is no justification in history or in anthropology for turning Christianity's internal frontier into the external frontier of a new ‚Fortress Europe'."
308   In der vorliegenden Arbeit wird, da dies auch in den Narrationen, in denen dieses Diakritikum angeführt werden, (meist) nicht geschieht, nicht zwischen den Begriffen ‚Kultur' und ‚Zivilisation' unterschieden.

drängten. In anderen wurden sie hingegen gerade im Vergleich mit barbarischen Völkern wie den Mongolen als zivilisiert betrachtet. Vor allem in den
Narrationen der Aufklärer stellte die Kultur das ausschlaggebende Unterscheidungsmerkmal zwischen Europa und Nicht-Europa dar, wobei in ihnen
der Aspekt der Entwicklung hinzukam. So gab es Vorstellungen wie bei Leibniz, nach denen Russland als zukünftiger ‚Kulturträger' zu einem ‚besseren
Europa' werden würde, oder wie bei Herder, der Russland sich zu einer eigenständigen Einheit zwischen Europa und Asien entwickeln sah. Auf der
anderen Seite konnte wie bei Rousseau Russlands Entwicklung als verfrüht
abgebrochen aufgefasst werden, so dass die Russen Barbaren bleiben würden.

In diesem Zusammenhang wurde in einigen Narrationen auch ein zu Asien
gehöriges, autokratisch-despotisch-statisches Russland einem als demokra-
tisch-freiheitlich-fortschrittlich vorgestellten Europa oder wie bei Tocqueville
einem ebensolchen Amerika entgegengestellt. So konnte Europa zudem als
Teil des Westens von Russland abgegrenzt werden, indem dieses als östlich
bezeichnet wurde, nachdem es in der (west-) europäischen Wahrnehmung
nicht mehr im Norden lag, sondern in den Osten ‚gewandert' war. In Mitteleuropa-Narrationen wurde deshalb auch im Zuge der Emanzipation der sich
als ‚mitteleuropäisch' bezeichnenden Staaten von (sowjet-) russischer Dominanz wie bei Kundera besonders die eigene Kulturhaftigkeit gegenüber der
Kulturlosigkeit eines osteuropäischen (Sowjet-) Russlands herausgestellt,
bzw. später wie bei Stasiuk und Andruchovyč gegenüber der Dominanz einer
westlich-globalistischen Unkultur.

Kultur und Entwicklung werden in einigen Narrationen als Diakritika zur
Grenzziehung Europas herangezogen. Aber auch hier ist wie bei der Religion
zu sehen, dass es ein umstrittenes Unterscheidungsmerkmal zwischen Europa und Nicht-Europa ist. Auch muss angeführt werden, dass, als im 15./16.
Jahrhundert der Kulturbegriff als Kriterium in die Narrationen Einzug hielt,
auch innerhalb (West-) Europas Vorstellungen eines unzivilisiert-kulturlosen
und barbarischen Anderen wechselseitig und weit verbreitet waren,[309] bloß

---

309   Vgl. hierzu etwa bei Amelung (1964:150-177) das Bild, das die italienische Renais-
       sanceliteratur von den Deutschen zeichnete: Trunksucht, Gefräßigkeit, Unsauber-

dass sich diese hinsichtlich Russlands aufgrund der langen Mongolenherr-schaft und der ‚Entdeckungssituation' nachhaltiger zur Ausgrenzung instru-mentalisieren ließen. Problematisch für das Unterscheidungsmerkmal der Kultur, wie es in den Narrationen verwendet wird – insbesondere in Verbin-dung mit dem Aspekt der Entwicklung sowie der Annahme, dass relativ zu einer am weitesten entwickelten Kultur unterschiedliche Kulturniveaus existie-ren – ist, dass sich bei der Verwendung dieses Konstrukts in Narrationen wertende bis chauvinistisch-kulturalistische Vorstellungen nicht oder fast nicht vermeiden lassen.[310] Und wenn wir Kultur nicht statisch sondern prozesshaft verstehen,[311] ist – gerade wenn das Moment der Entwicklung zum Diakritikum Kultur dazugerechnet wird – ist die Eignung einer so stark veränderlichen Größe zur Fest-Legung von Grenzen generell fraglich.

8.3   (Groß-) Ethnos

Die Berücksichtigung (groß-) ethnischer Bezüge taucht etwa ab dem 18. Jahrhundert in Europa-Narrationen auf. Hatte Herder die Slawen noch als zu-künftige Träger europäischer Kultur angesehen, so war der Tenor in den spä-teren deutschen Mitteleuropa-Narrationen meist ein gänzlich anderer. In die-sen war Mitteleuropa ein germanisch-deutsch dominierter Raum, wohingegen die Slawen daraus ausgegrenzt und als Osteuropäer vorgestellt wurden.[312]

---

keit, Grausamkeit, Habgier, sexuelle Ausschweifungen gehören zu den Zuschrei-bungen; positive Züge finden sich fast keine.

310   Vgl. hierzu auch Lindner (2002:80-83).

311   Waren frühere Kulturkonzepte meist statisch wie das von Tyler (zitiert in Harris (1989:20)), der Kultur auffasste als „jenes komplexe Ganze, das Wissen, Glauben, Kunst, Moral, Recht, Sitte, Brauch und alle anderen Fähigkeiten und Gewohnheiten umfaßt, die der Mensch als Glied einer Gesellschaft erworben hat", und als „Gegen-stand", so wird Kultur heute weithin prozesshaft aufgefasst. Vgl. hierzu als Beispiel Bausinger (1987:332): „Kultur ist [...] nicht die Aktualisierung vorgegebener Bestän-de, sondern die jeweilige Form der Lebensbewältigung in rasch wechselnden Situa-tion. Sie ist nicht Ausfluß, Emanation des traditionell Angelegten, sondern grund-sätzlich Neuschöpfung, die zwar oft in der Reserve des Tradierten ihre Deckung findet, sich aber doch nicht völlig darauf aufrechnen läßt."

312   Dass solche Abgrenzungen rassistische Züge annehmen konnten, zeigen nicht nur die Narrationen der Nationalsozialisten, in denen Slawen als ‚Untermenschen' be-zeichnet wurden, sondern etwa auch neuere Erzählungen, nach denen die Russen aufgrund der langen Herrschaft der Mongolen asiatisch ‚kontaminiert' seien. Hierzu

Nicht nur in deutschen, sondern ebenso in ‚slawischen' Narrationen wurden (groß-) ethnische Bezüge zur Abgrenzung verwendet, so etwa bei den Slawophilen und Panslawisten, die eine Welt der Slawen einem germano-romanischen Europa gegenüberstellten, oder in den westslawisch-ungarischen Narrationen nach dem Ersten Weltkrieg, die ein Mitteleuropa zwischen dem germanischen Deutschland und dem ostslawischen Russland vorstellten. Die mit den (groß-) ethnischen Bezügen eng verbundenen romanischen, slawischen, germanischen und anderen Sprachfamilien spielen in den Europa-Narrationen hingegen keine Rolle.[313]

Auch beim (groß-) ethnischen Unterscheidungsmerkmal lassen sich keine einheitlichen Abgrenzungen Europas finden. Slawen können sowohl als Teil von Europa als auch als Teil von Nicht-Europa vorgestellt werden. Oder die Grenze wird zwischen West- und Ostslawen[314] gesehen, was hinsichtlich der Suche nach den Grenzen Europas genauso wenig überzeugt wie die Grenzziehung zwischen West- und Ostkirche. Weiterhin bleibt in diesen Narrationen fraglich, in welcher Beziehung die jenseits des Atlantiks lebenden Angehörigen der germanischen, romanischen und slawischen (Groß-) Ethnien zu einem auf diese Weise vorgestellten Europa gesehen werden. Zudem lassen sich zur Abgrenzung Europas taugliche, einheitliche (groß-) ethnische Räume nur dann zusammenfassen, wenn die nicht ins jeweilige Schema passenden

---

Neumann (1998:410f.): „In Estonia, discourse about Russians in the late 1980s and early 1990s had a heavily racialist strand. One theme [...] was that of biological contamination. Estonians at home and abroad would go on in conversation about how Russian women had been raped by Mongols and Tatars for centuries and so were ‚contaminated' by ‚an Asiatic gene pool,' [...]."

313 Sprache, von der EU als „der Reichtum Europas" bezeichnet (Europäische Union (2009)), scheint ein Diakritikum zu sein, das statt zur Unterscheidung zwischen Europa und Nicht-Europa vielmehr zur Abgrenzung auf nationaler Ebene eingesetzt wird. So grenzen sich Sprecher des ostslawischen Ukrainisch durch die Verwendung ihrer Sprache weniger vom westslawischen Polnisch als vielmehr vom ebenso zum Ostslawischen gehörigen und in der Ukraine verbreiteten Russisch ab. Vgl. auch Neumann (1998:7), der darauf aufmerksam macht, dass gerade bei einander sehr verwandten Sprachen auf die Einhaltung der Unterschiede geachtet wird, wie etwa wenn Österreich darauf besteht, dass in EU-Dokumenten das Wort ‚Erdapfel' immer zusätzlich zum Wort ‚Kartoffel' verwendet werden muss.

314 Die Südslawen werden dann den Ostslawen zugerechnet. Vgl. Todorova (1997: 156) über die Mitteleuropadiskussion der 1980er Jahre: „[T]he Balkans were evoked as the constituting other to Central Europe alongside Russia."

Völker sowie die in den einzelnen Gesellschaften lebenden ethnischen Minderheiten in Narrationen nicht beachtet werden. So werden beispielsweise die finnougrischen und baltischen Völker aus Narrationen über ein slawisches Osteuropa oder ein westslawisches Mitteleuropa ausgeblendet, was keine konsequente und überzeugende Grenzziehung darstellt.

8.4 Geographie

Geographische Vorstellungen von Europa entstanden im antiken Griechenland, womit Geographie das älteste Kriterium zur Abgrenzung Europas ist. Für die antiken griechischen Seefahrer waren Europa, Asien und Afrika komplett von Wasser umgebene Landmassen. In ihren Vorstellungen verlief von der Ägäis ausgehend durch Bosporus, Schwarzes und Asowsches Meer hin zum Fluss Don, welcher als unmittelbare Verbindung zum nördlichen Eismeer gedacht wurde, die Grenze Europas zu Asien, die auch in den Narrationen der folgenden Jahrhunderte meist so aufgefasst wurde. So etwa bei Herder, der die neue Hauptstadt Russlands, das er als zwischen Europa und Asien gelegen auffasste, am liebsten an der Mündung des Don gesehen hätte.

Seitdem allerdings genauere geographische Kenntnisse widerlegten, dass über den Don oder andere Flüsse eine Verbindung zwischen Schwarzem und Eismeer existiert, stand die klassische geographische Grenze Europas im Osten zur Disposition. Wie auf Abbildung 1 zu sehen ist, wurden von Geographen viele verschiedene Grenzen vorgeschlagen. Bedeutsam wurden Grenzziehungen wie bei Tatiščev entlang des Ural-Gebirges, das Russland in ein europäisches Mutterland und eine asiatische Kolonie teilte. Der Ural wird bis heute in vielen Narrationen als Grenze angeführt, allerdings auch in anderen Narrationen wie bei Danilevskij angezweifelt, der stattdessen Russland als eine eigene geographische, in den Tieflandebenen westlich wie östlich des Urals bestehende Einheit vorstellte.

Geographische Zuordnungen zu Europa oder Nicht-Europa sind in vielen Narrationen verbreitet. Wenn in ihnen auch andere Unterscheidungsmerkmale – wie die zuvor untersuchten – angeführt werden, wird in den meisten von ihnen versucht, diese mit der Geographie in Einklang zu bringen. Dies dürfte

damit zu tun haben, dass die Geographie das Kriterium der ersten Europa-
Vorstellungen war und zudem häufig als naturwissenschaftlich und somit objektiv vorgestellt wird. Wie zu sehen ist, wird in den Narrationen aber eine
ganze Reihe verschiedener geographischer Grenzziehungen vorgeschlagen,
denn auch unter Geographen herrscht keine Einigkeit über Europas Grenzen
– weder über die im Osten,[315] noch im Süden oder im Westen, noch darüber,
wodurch die Grenzen eines Kontinents überhaupt definiert werden sollen.

Geht man von der klassischen Vorstellung aus, dass Kontinente rundherum
von Wasser umgeben seien, so würde einerseits Europa nur ein Anhängsel
eines eurasisch-afrikanischen Superkontinents sein, andererseits würde dann
auch konsequenterweise jede Insel einen eigenen Kontinent darstellen.
Wenn man die Kontinentalsockel (Schelfe) als geologisches Argument berücksichtigt, kann man zwar die britischen Inseln als Teil Europas auffassen,
nicht aber Island, die Azoren oder andere Inseln, die so auch keinem anderen
Kontinent zuzurechnen wären.[316] Erweitert man die klassische Vorstellung
um weitere Erscheinungsformen der physischen Geographie wie Gebirge, so
sind diese zum einen nicht durchgängig als Grenze anwendbar, sondern
müssen mit Flüssen kombiniert werden wie etwa das Ural-Gebirge mit dem
Ural-Fluss oder mit der Emba. Zum zweiten bleibt ebenso bei Gebirgen fraglich, wo die Grenze verlaufen soll: ob auf der einen oder der anderen Seite
des Sockels oder aber auf dem Grat.[317] Geographie ist somit nur vermeintlich
objektiv und als Unterscheidungsmerkmal ebenso konstruiert wie andere Diakritika auch.

---

315   Vgl. hierzu auch Kreis (2004:38), der eine 1935 unter 42 Geographen durchgeführ-
te Umfrage anführt. Derzufolge „sprachen sich nur zwölf für die Ural-Grenze aus,
vierzehn äußerten sich zugunsten der damaligen sowjetisch-polnischen Grenze (die
sicher keine geografische Grenze war), und die restlichen Stellungnahmen verteil-
ten sich auf andere Positionen."
316   Vgl. hierzu auch Schultz (2003:232).
317   Vgl. ausführlich Lewis/Wigen (1997) über den „Myth of Continents". – Alleine klima-
theoretische Argumentationen, die in geographischen Narrationen mitunter dazu
verwendet werden, eine kulturelle Eigenart Europas zu erklären, werden nicht zur
Ziehung von Grenzen herangezogen – es scheint anerkannt zu sein, dass sich das
Wetter an keinerlei Grenzen hält.

8.5 Politisches Interesse

Zuordnungen zu Europa oder Nicht-Europa anhand bestimmter Unterscheidungsmerkmale standen und stehen in vielen Narrationen in Zusammenhang
mit politischen Interessen. Bereits die Christianisierung Russlands und somit
seine erste Zuordnung zu einem als christlich vorgestellten Europa ging von
der Entscheidung des Kiewer Fürsten aus, eine familiäre Verbindung zum
oströmischen Kaiserhaus herzustellen. Nach der Kirchenspaltung ging Russlands Ausweisung aus dem ‚wahren', katholisch-christlichen Europa wiederum einher mit dem Machtkampf der West- gegen die konkurrierende Ostkirche. In den Narrationen zur Zeit der ‚Türkengefahr' wie bei Piccolomini war
eine Wiederaufnahme Russlands ins christliche Europa motiviert vom Interesse einer breiten Allianz gegen das expandierende Osmanische Reich –
hingegen unterstützten im 19. Jahrhundert die (west-) europäischen Mächte
gerade das Osmanische Reich gegen das zunehmend erstarkende Russland,
das wiederum als eigenständige Einheit aus Europa ausgeschlossen wurde.
Vorstellungen von Russland als einem asiatischen Land waren im mit diesem
in Machtkämpfen verwickelten Polen entstanden und darauf zumeist von den
in langen Kriegen mit Russland verwickelten Nachbarstaaten Polen-Litauen,
Livland und Schweden in Narrationen vorgebracht worden. Nach der Französischen Revolution konnte das antirevolutionäre Russland – je nach dem in
der jeweiligen Narration vertretenen politischen Standpunkt – entweder als
Bollwerk einer nicht fortschrittlichen und somit nicht-europäischen ‚Reaktion'
vorgestellt werden, oder aber ebenso als Hüter einer ‚legitimen' europäischen
Ordnung.

Von politischen Interessen motiviert waren und sind auch viele Abgrenzungen
innerhalb Europas, so sollte etwa bei Naumann ein deutsches Kriegsziel des
Ersten Weltkriegs sein, ein Mitteleuropa zu schaffen, das England im Westen
und Russland im Osten die Stirn bieten konnte. Hingegen entstanden Narrationen über ein gemeinsames Mitteleuropa in den kleinen zwischen Deutschland und Russland gelegenen Staaten, um sich gegenüber deren hegemonialen Ansprüchen zur Wehr zu setzen. In den Mitteleuropa-Narrationen der
1980er Jahre wie bei Kundera diente die Vorstellung eines gemeinsamen Mitteleuropa vor allem der Emanzipation von der Vorherrschaft eines als osteu-
ropäisch oder überhaupt nicht zu Europa gehörend aufgefassten (Sowjet-)

Russlands. Im Hinblick auf einen Beitritt zur Europäischen Union wurden Mitteleuropa-Narrationen dazu verwendet, durch Abgrenzung gegenüber einem als nicht ‚wirklich' europäisch vorgestellten Osteuropa die eigene Zugehörigkeit zu Europa umso stärker zu verdeutlichen.

Politisches Interesse ist kein eigentliches Diakritikum, da es bei diesem nicht darum geht, zwischen verschiedenen Interessen dies- und jenseits einer Grenze zu unterscheiden wie etwa zwischen verschiedenen Religionen. Jedoch erfolgen Zuordnungen zu Europa oder Nicht-Europa nicht nur anhand von Unterscheidungsmerkmalen, sondern auch aufgrund politischer Interessen. Von denen existieren wiederum, wie zu sehen ist, ganz unterschiedliche. Aber auch wenn eine Zuordnung nicht ausdrücklich aufgrund eines politischen Interesses erfolgt, steckt meist ein solches hinter den in den Narrationen vorgebrachten Diakritika – wie hinsichtlich des Urals selbst bei dem vermeintlich objektiven Kriterium der Geographie zu sehen war.

Bei der Auseinandersetzung mit der Frage nach Europas Grenzen im Osten bedarf es neben einer Untersuchung der zur Begründung der Grenzziehung vorgebrachten Diakritika auch einer solchen der drei Achsen, entlang derer laut Todorov die Abgrenzung des Selbst vom Anderen analysiert werden kann. Zum einen ist dies die axiologische Achse, bei der es um die Wertungen geht, die in den Narrationen zwischen Selbst und Anderem getroffen werden; zum zweiten die praxeologische Achse, bei der es darum geht, ob und wie sich Selbst und Anderes annähern oder voneinander distanzieren; sowie zum dritten die epistemologische Achse, bei der es um das Wissen geht, aufgrund dessen die Abgrenzungen vorgestellt werden.

9 Drei Achsen der Abgrenzung

Auf der axiologischen Achse sind die Wertungen zu erkennen, die in den Narrationen beim Vergleich zwischen Selbst und Anderem zum Ausdruck kommen. Solche Wertungen über Europa und die anderen Kontinente bestehen, seitdem in der Spätantike die geographischen Vorstellungen mit der Geschichte der Söhne Noahs verbunden wurden. In den (west-) europäischen Narrationen ist – ob ‚wahre' christliche Europäer den Schismatikern der Ostkirche oder zivilisierte Europäer den barbarischen Asiaten gegenübergestellt werden – die Wertung des Selbst meist positiv, die des Anderen negativ. Ähnlich gelagerte Wertungen finden sich ebenso in den germanisch-chauvinistischen Mitteleuropa-Narrationen oder bei Kundera in der Abgrenzung einer differenzierten und hochgeschätzten mitteleuropäischen Kultur von einer als ‚schrecklich' aufgefassten Kultur Russlands. In russischen Narrationen wie bei Danilevskij tauchen entsprechend spiegelbildliche Wertungen auf. Andererseits besteht wie bei Leibniz die Möglichkeit, das europäische Selbst als positiv, aber mit Fehlern und Lastern behaftet aufzufassen, und gleichzeitig im russischen Anderen das Potenzial eines idealen Europas zu sehen. Zudem ist es aber auch möglich, das Andere neutral zu werten wie bei Herder oder positiv wie bei Tatiščev und Kundera, die Europa bzw. Westeuropa als positiv vorstellten, das russische bzw. mitteleuropäische Selbst hingegen als nur eingeschränkt positiv. Dies hängt damit zusammen, dass das positiv bewertete Andere in ihren Narrationen ein Anderes ist, zu dem sie das russische bzw. mitteleuropäische Selbst als eigentlich zugehörig auffassen, das heißt, für sie stellt dieses Andere nur temporär ein Anderes dar, das eigentlich zum Selbst gehört.

Hiermit eng verbunden ist die praxeologische Achse, entlang welcher zu untersuchen ist, ob und in welcher Richtung sich Selbst und Anderes annähern oder voneinander entfernen. Dies hängt meist damit zusammen, ob das jeweilige Andere positiv oder negativ bewertet wird. In der Christianisierung Russlands bestand etwa eine Annäherung an ein christliches Europa, in den Reformen Peters I. und der Narration Tatiščevs eine Annäherung an ein als fortschrittlich und zivilisiert vorgestelltes Europa, oder bei Kundera eine Annäherung Mitteleuropas an Westeuropa. Neben einer solchen Annäherung des (russischen bzw. mitteleuropäischen) eingeschränkt positiven Selbst an ein positiv bewertetes (europäisches bzw. westeuropäisches) temporäres Anderes und eigentliches Selbst, gibt es auch die Möglichkeit, das Andere an das Selbst anzunähern. Dies war etwa bei Leibniz der Fall, der Russland an Europa heranführen und es dann zu einem ‚besseren Europa' entwickeln wollte, wobei sowohl Russland als auch Europa grundsätzlich positiv gewertet wurden. Es war aber auch wie in den hegemonialen deutschen Mitteleuropa-Konzeptionen möglich, ein negativ bewertetes Anderes gewaltsam an das Selbst zu assimilieren. Häufiger ist der Fall in den Narrationen jedoch ein umgekehrter, so dass das Selbst durch Distanzierung vom Anderen abgegrenzt wird. Wird das Andere nicht positiv gewertet, sind ausschließlich Distanzierung und Abgrenzung die Folge. Umgekehrt wird bei Distanzierung und Abgrenzung keine positive Wertung vorgenommen; sie kann wie bei Herder neutral sein, ist meist aber negativ. Als Beispiele seien hier nur die Abgrenzungen eines freiheitlichen oder zivilisierten Europas gegenüber einem autokratisch-despotischen oder barbarischen Russland genannt, die Abwertung des als asiatisch deklarierten und ‚asiatisierten' Teils Russlands östlich des Urals bei Tatiščev sowie der Ausschluss Osteuropas aus Europa als nicht ‚wirklich' europäisch in Mitteleuropa-Narrationen wie etwa bei Kundera.

Unter der epistemologischen Achse wird schließlich das Wissen subsumiert, das die Erzähler der Narrationen darüber haben, was sie im Gegensatz zum Selbst als das Andere auffassen. Wie gut muss das Andere als anders bekannt sein, damit gegenüber dessen Andersartigkeit eine Grenze gezogen wird? Für das Verhältnis von Europa und Russland ist dabei bedeutsam geworden, dass Russland unter der Mongolenherrschaft für über zwei Jahrhunderte weitgehend aus dem Blickfeld (West-) Europas verschwunden war. Das heißt nicht, dass keinerlei Kontakte bestanden hätten, aber doch relativ wenige, so dass Russland nach dem Ende des ‚Mongolischen Jochs' in der (west-) europäischen Wahrnehmung erst ‚entdeckt' werden musste wie die ‚Neue Welt' und andere Länder in Übersee. Viele der nachfolgenden Narrationen entstanden dabei allerdings, ohne dass Russland aus eigener Erfahrung entdeckt worden wäre, sondern bezogen sich auf eine geringe Anzahl von publizierten Reiseberichten. In den auf persönlicher Wissensaneignung

beruhenden Berichten wie auch bei Herder, der eine Zeitlang in Riga als russischer Untertan gelebt hatte, wird Russland zumeist als andersartig beschrieben. In Narrationen, die nicht auf Primärerfahrungen zurückgreifen
konnten, waren Zuordnungen Russlands zu Europa (wie etwa bei Piccolomini
und Leibniz) ebenso möglich wie solche zu Nicht-Europa (wie bei Rousseau).
Dass keiner der Erwähnten je in Russland gewesen ist oder eine derart in-
tensive Beschäftigung mit diesem Land betrieben hat, dass von einer Anhäu-
fung von Wissen über die Ähnlichkeit oder Andersartigkeit Russlands im Vergleich zu Europa gesprochen werden könnte, stellte somit keine Beschrän-
kung für ihren Vorstellungshorizont über Russland dar.

Bei der Untersuchung der Narrationen entlang der drei Achsen ist somit auf
der epistemologischen Achse zu erkennen, dass ein geringes Wissen jede
Vorstellung über das Verhältnis von Selbst und Anderem zulässt. Ein größeres Wissen führte in den betrachteten Narrationen hingegen tendenziell eher
dazu, dieses als Anderes denn als eigentliches Teil des Selbst aufzufassen.[318] Des Weiteren ist zu sehen, dass auf der axiologischen Achse hinsichtlich des Anderen jede Bewertung möglich ist, sei sie positiv, negativ oder
neutral. Das Selbst wird in den Narrationen fast ausschließlich positiv bewertet; Einschränkungen gibt es hier bei denjenigen Narrationen, in denen es
Vorstellungen eines ,besseren Europa' gibt, bzw. bei denen das Selbst als
eigentlich zu einem anderen Selbst gehörig aufgefasst wird. Die praxeologische Achse ist hierbei eng mit den Wertungen auf der axiologischen Achse
verknüpft. Zunächst ist zwischen Annäherung von Selbst und Anderem sowie

---

318   Dies kann jedoch keinen Aufschluss für die Frage ,tatsächlicher' Andersartigkeit
      geben, da die Narrationen weiterhin subjektiv konstruiert bleiben – auch wenn bzw.
      gerade weil für die Konstruktion von Europa und Nicht-Europa eigene Anschau-
      ungen verwendet werden konnten. Es ist ohne weitere Untersuchungen hier auch
      davon auszugehen, dass die in der vorliegenden Arbeit betrachteten Narrationen
      ein unvollständiges Bild wiedergeben. Denn eine Schlussfolgerung aus der Unter-
      suchung entlang der epistemologischen Achse müsste dann lauten, dass die Bezie-
      hung zwischen dem Selbst und dem Anderen umso ,besser' und ,verträglicher' ist,
      je geringer das Wissen über das Andere ist. Dies widerspräche wiederum jedem
      Ansatz von Programmen der Völkerverständigung und auch meiner Erfahrung,
      nach der im Kontakt mit dem ,erwarteten' Anderen das Erstaunen über Gemein-
      samkeiten die Wahrnehmung von Unterschieden überwiegt. Ich stelle deshalb
      Schlussfolgerungen hinsichtlich der epistemologischen Achse zurück; sie findet aus
      diesem Grund keine weitere Berücksichtigung.

Distanzierung zwischen diesen zu unterscheiden. Annäherungen können relativ ‚flexibel' vorgestellt werden, sei es die Annäherung eines positiv bewerteten Anderen an das Selbst – oder auch die Annäherung des Selbst an ein
als positiv bewertetes Anderes, wenn das Selbst zugleich als eigentlicher Teil
des Anderen, das heißt eines gemeinsamen Selbst, vorgestellt wird. Bei dem
in den Narrationen weitaus häufiger zu beobachtenden Fall der Distanzierung
hingegen wird das Andere nicht positiv vorgestellt, mitunter neutral, fast immer aber negativ.

Somit ist festzustellen: Wenn Russland bzw. Osteuropa gegenüber dem europäischen bzw. mitteleuropäischen Selbst als Anderes vorgestellt werden,
geht dies fast ausschließlich mit einer negativen Bewertung auf der axiologischen Achse einher sowie mit einer Distanzierung auf der praxeologischen
Achse. Zu positiver Bewertung und Annäherung kommt es hingegen nur
dann, wenn Russland bzw. Mitteleuropa als Teil des europäischen Selbst
oder als eigentlich zum westeuropäischen Selbst gehörig vorgestellt werden.[319] Im folgenden, fünften Teil werden die Ergebnisse der Arbeit noch
einmal zusammengefasst, bevor dann Schlüsse aus Betrachtung und Analyse der Narrationen gezogen und Ausblicke auf Europa als Thema volkskundlich-kulturwissenschaftlicher Forschung gegeben werden.

---

319   Diese ‚Schieflage' auf der axiologischen wie praxeologischen Achse ist Zeichen
einer ungleichen Verteilung von Macht – von ökonomischer und politischer, vor allem aber von diskursiver Macht. Said (2003:5f.) schreibt hierüber in anderem
Zusammenhang: „The Orient was Orientalized [...] because it *could be* [...] *made*
Oriental." Dies heißt auf Osteuropa bezogen, dass es aufgrund des Mangels an
diskursiver Macht ‚osteuropäisiert' und in der Rolle des ewigen Anderen fest-
geschrieben werden konnte. Somit lassen sich auch das Fehlen von sich mit Osteuropa als eigenständiger und eigenwertiger Einheit identifizierenden Narrationen
erklären sowie das Streben in den Mitteleuropa-Narrationen, als Mitteleuropäer und
nicht als Osteuropäer anerkannt zu werden. Vgl. hierzu auch Segbers (zitiert in
Zekri (2004)): „Osteuropa, das sind die Übriggebliebenen [...]. Osteuropa liegt immer östlich von dem Land, wo derjenige herkommt, mit dem man gerade spricht." –
Vgl. in diesem Zusammenhang auch Schenk (2002:496f.) über den Zusammenhang zwischen Kartographie und Macht, durch den Karten zu zeichenhaftem Ausdruck politischer Macht werden.

Teil V

10 Die Mitte liegt ostwärts, Europa westwärts – Zusammenfassung, Schlussfolgerungen, Ausblicke

10.1 Die Frage nach den Grenzen Europas – Zusammenfassung

Die Auseinandersetzung mit ‚europäischer Identität', Europa und der Frage nach seinen Grenzen im Osten fußt in der vorliegenden Arbeit auf einem theoretischen Rahmen aus aufeinander aufbauenden kultur- und sozialwissenschaftlichen Konzepten. Zunächst wurde gezeigt, dass ein prozessuales Modell wie das des ‚Verfassungspatriotismus' zwar durch Verfahrensprozesse und stetige Praxisausübung zur ‚Bewusstmachung' einer Identität beitragen kann. Ein solches Modell kann jedoch keine Erklärung dafür bieten, warum gerade eine bestimmte Gruppe eine bestimmte Identität entwickeln sollte; vielmehr geht es davon aus, dass eine bestimmte Identität auf irgendeine Art und Weise bereits vor der ‚Bewusstmachung' vorhanden ist.

Eine überzeugende Erklärung bietet hingegen das ‚Abgrenzungsmodell', bei dem davon ausgegangen wird, dass eine Gemeinschaft nach innen durch Abgrenzung nach außen entsteht. Eine solche Gemeinschaft als Einheit, mit der die Identifikation erfolgt, ist ‚vorgestellt'. Sie ist allerdings nicht aus sich selbst heraus vorstellbar, sondern nur im Vergleich mit etwas Anderem und definiert sich somit nicht nur nach innen über inkludierende Gemeinsamkeiten, sondern zugleich über exkludierende Unterschiede nach außen. Hierbei wird auch deutlich, dass sich eine als Einheit vorgestellte Gemeinschaft am besten an den Grenzen bzw. von der Frage nach den Grenzen ausgehend untersuchen lässt, da an ihnen das Selbst der Gemeinschaft einem oder mehreren kontrastierenden Anderen, dem Nicht-Selbst, gegenübersteht und Unterschiede zwischen ihnen betont formuliert werden.

Die Abgrenzungen zwischen Selbst und Anderem erfolgen anhand verschiedener, als ‚Diakritika' bezeichneter Unterscheidungsmerkmale. Dabei ist das Verhältnis von Selbst und Anderem entlang dreier Achsen zu untersuchen: Entlang einer axiologischen Achse stehen die Wertungen im Mittelpunkt, die beim Vergleich zwischen Selbst und Anderem zum Ausdruck kommen; entlang einer praxeologischen Achse geht es darum, ob und in welcher Richtung sich Selbst und Anderes annähern oder voneinander entfernen; sowie entlang einer epistemologischen Achse, die sich um das Wissen dreht, das bei der Vorstellung von Selbst und Anderem besteht. Geäußert werden die abgrenzenden Vorstellungen als ‚Narrationen', die für das Selbst und das Andere konstitutive ‚Präsenzen' in Raum und Zeit konstruieren und sie so verankern. Ziel der Erzählung solcher Narrationen ist die Anerkennung der in ihr vorgebrachten Vorstellungen und somit der jeweiligen Identitäten. Diesen theoretischen Überlegungen folgend bedeutet Identität die kollektive Identifikation mit einem als begrenzt vorgestellten Selbst durch die entlang verschiedener Achsen stattfindende Abgrenzung von einem oder mehreren vergleichbaren Anderen anhand bestimmter Unterscheidungsmerkmale (Diakritika). Die Untersuchung der Identität erfolgt dabei am besten durch Betrachtung und Analyse von mit dem Ziel ihrer Anerkennung erzählten Narrationen.

Da es in der vorliegenden Arbeit um eine Auseinandersetzung mit ‚europäischer Identität' geht, folgte nach der Erörterung dieser theoretischen Erklärung eine Betrachtung von Narrationen, die von einem Europa erzählen, das in Abgrenzung von Nicht-Europa vorgestellt wird. Aus der Vielzahl von möglichen Anderen, die grundsätzlich als nicht-europäische Kontrastfolien dienen können, handelte es sich hier um östlich von Europa gelegene nicht-europäische Andere, so dass die Narrationen vor allem die Begriffspaare ‚Europa/Asien' und ‚Westen/Osten' verwendeten. An diesen Narrationen, die in zwei große Gruppen aufgeteilt betrachtet wurden, wurde exemplarisch dargestellt, wie das Identität stiftende Wechselspiel von Inklusion und Exklusion funktioniert. In der einen Gruppe stand das Verhältnis von Europa und Russland im Mittelpunkt, in der anderen ging es um das Verhältnis von Mittel- und Osteuropa.

Anhand der Narrationen über das Verhältnis von Europa und Russland war zu sehen, wie Asien als Europas Anderes im historischen Verlauf dazu dient,

Russland entweder als Teil Europas darzustellen oder aber es aus Europa auszuschließen. Schließlich kann Russland auch als eigenständiger Gegensatz zu Europa aufgefasst werden. Während westliche Europäer folglich drei Narrationstypen kennen – Russland als Teil Europas, als Teil Asiens oder auch als eine eigenständige Einheit – gibt es aus russischer Perspektive hingegen zwei: Russland als Teil Europas oder als eigenständige Einheit zwischen Europa und Asien, nicht aber als Teil Asiens. Der Gegensatz von Westen und Osten wiederum beruht zum einen darauf, dass Europa als zwischen Amerika und Russland gelegen vorgestellt wurde, und zum anderen auf Russlands ‚Wanderung' in der Zuordnung nach Himmelsrichtungen vom Norden in den Osten. Die Zuschreibungen zu Westen und Osten werden dabei seit ihrem Auftreten in den Narrationen zu Anfang des 19. Jahrhunderts nicht immer deutlich von denen zu Europa und Asien unterschieden. Eher überlappen und verstärken sie sich, so dass Europa mitunter vom Osten abgegrenzt oder Russland dem Westen gegenübergestellt wird.

Bei den Narrationen über die Beziehung von Mittel- und Osteuropa war dann zu erkennen, wie die Zuschreibung ‚östlich' verwendet wurde und wird, um Osteuropa von einem als westlich vorgestellten Mitteleuropa abzugrenzen. Zugleich wurde in diesen Narrationen Osteuropa als nicht ‚wirklich' europäisch aus Europa ausgeschlossen, um dadurch die eigene mitteleuropäische ‚Europäizität' zu unterstreichen. Bei der Zuordnung zu Mittel- oder Osteuropa wurden und werden auch bereits aus den Narrationen über das Verhältnis von Europa und Russland bekannte Auffassungen und Argumente vorgebracht. Im Gegensatz dazu fehlen aber den russischen entsprechende osteuropäische Narrationen, die Osteuropa als eine eigenständige und auch eigenwertige Einheit vorstellen würden, da Osteuropa aufgrund der abwertenden Charakterisierung als östlich nicht zur Identifikation mit einer Gemeinschaft verwendet wird. Vielmehr wird dann eine Zugehörigkeit zu Mitteleuropa vorgestellt, das sich als eigenwertige Einheit gegenüber dem Osten wie auch dem Westen abgrenzen konnte.

Nach der Darstellung der Narrationen wurden einige ausgewählte Unterscheidungsmerkmale getrennt voneinander untersucht. Es handelte sich hierbei um die Diakritika Religion, Kultur und Entwicklung, (Groß-) Ethnos und Geographie, die in den betrachteten Narrationen zur Abgrenzung des Selbst vom

Anderen verwendet wurden. Nach diesen folgte die Untersuchung des politischen Interesses, das kein eigentliches Diakritikum darstellt, aufgrund dessen aber Zuordnungen zu Europa oder Nicht-Europa erfolgen bzw. andere Diakritika entsprechend ausgewählt und vorgestellt werden. Die analysierten Grenzziehungen ergaben allerdings keinerlei stimmiges und überzeugendes Bild, weder nach Unterscheidungsmerkmalen getrennt noch in der Zusammenschau.

Bei der Untersuchung der Narrationen entlang der drei Achsen war schließlich auf der epistemologischen Achse zu erkennen, dass ein größeres Wissen tendenziell eher dazu führt, das Gegenüber als Anderes denn als eigentliches Teil des Selbst aufzufassen. Ein geringes Wissen lässt hingegen jede Vorstellung über das Verhältnis von Selbst und Anderem zu. Des Weiteren war zu sehen, dass auf der axiologischen Achse hinsichtlich des Anderen jede Bewertung möglich ist, sei sie positiv, negativ oder neutral. Das Selbst wurde in den Narrationen hingegen meist positiv bewertet, mit Einschränkungen bei denjenigen Narrationen, in denen es Vorstellungen eines ‚besseren Europa' gibt, bzw. bei denen das Selbst als eigentlich zu einem anderen Selbst gehörig aufgefasst wird. Die praxeologische Achse ist eng mit den Wertungen auf der axiologischen Achse verknüpft. Hierbei ist zunächst zwischen Annäherung von Selbst und Anderem sowie Distanzierung zwischen diesen zu unterscheiden. Annäherungen können relativ ‚flexibel' vorgestellt werden, bei Distanzierungen hingegen wird in den Narrationen das Andere nicht positiv vorgestellt. Somit ist festzustellen: Wenn Russland bzw. Osteuropa gegenüber dem europäischen bzw. mitteleuropäischen Selbst als Anderes vorgestellt werden, geht dies fast ausschließlich mit einer negativen Bewertung auf der axiologischen Achse einher sowie mit einer Distanzierung auf der praxeologischen Achse. Zu positiver Bewertung und Annäherung kommt es hingegen nur dann, wenn Russland bzw. Mitteleuropa als Teil des europäischen Selbst oder als eigentlich zum westeuropäischen Selbst gehörig vorgestellt werden.

10.2   Die Europäische Union und ‚europäische Identität' – Schlussfolgerungen

Wenn wir davon ausgehen, dass ‚Europa' und ‚europäische Identität' nicht nur in historischer Rückschau sondern auch heute noch alles andere als eindeutige Begriffe sind – und dies gerade im Hinblick auf die Europäische Union, die auf der Suche nach ihren ‚endgültigen' Grenzen ist – so kann man aus den Ergebnissen dieser Arbeit praktische Schlussfolgerungen für den Kontext der EU ziehen: Das (‚endgültige') Fest-Legen von Grenzen um die EU bedeutet eine Antagonisierung dessen, was voneinander getrennt wird, und geht mit einer Distanzierung des Anderen vom Selbst und mit nicht-positiven Wertungen einher, wovon dann diejenigen Staaten und Gesellschaften betroffen sind, die jenseits der Grenzen liegen.[320]

Zum einen richten sich derartige Fest-Legungen von Grenzen somit auch gegen die Bemühungen eines nur eingeschränkt positiv bewerteten Selbst, das sich eigentlich als zu einem anderen Selbst gehörig vorstellt, sich an dieses uneingeschränkt positiv bewertete Selbst anzunähern und sich (wieder) vollständig mit ihm zu verbinden. Dies ist etwa hinsichtlich der Anerkennung der ‚Europäizität' von sich als mitteleuropäisch vorstellenden Staaten und Menschen und auch ihren Beitrittsbemühungen zum Europa der Europäischen Union der Fall. Zum zweiten ist zu schlussfolgern, dass eine stärkere Integration des Selbst nach innen und seine positive Be- und Aufwertung – wie dies innerhalb der EU betrieben wird – nur im Zusammenspiel damit Aussicht auf Erfolg hat, dass das Selbst ein oder mehrere Andere als Kontrastfolie nutzt und sich davon abgrenzt und distanziert. Das nicht-europäische Andere wird dabei neutral oder noch eher negativ bewertet, nicht aber positiv.

Auch die Bewusstmachung ‚europäischer Identität' ist eine zweischneidige Angelegenheit, da sich als Einheiten vorgestellte Gemeinschaften und auf sie bezogene Identitäten nicht nur nach innen über die Betonung inkludierender Gemeinsamkeiten herausbilden, sondern zugleich ebenso über die Betonung

---

320   Dies würde für diese Staaten, vorausgesetzt dass eine Mehrheit der Bürger die Mitgliedschaft in der EU befürwortet, und dass sie die Kopenhagener (oder andere) technische Kriterien erfüllen, nicht nur eine Nicht-Aufnahme in die EU sondern somit auch eine Verneinung der für sich reklamierten ‚europäischen Identität' des Landes und seiner Bürger bedeuten (Viëtor (2007)).

exkludierender Unterschiede nach außen. Gemeinsame Währung, Führer-
scheine, Wahlen etc. innerhalb der Europäischen Union sowie konsentierte
Verfahren nach dem prozessualen Modell können somit nur dann zu einer
verstärkten positiven Identifizierung mit der EU als dem Selbst führen, wenn
zugleich eine Abgrenzung und Distanzierung vom als negativ vorgestellten
Nicht-EU-Europa erfolgt. Deshalb muss das von der EU-Kommission betrie-
bene Projekt, das Bewusstsein einer ‚europäischen Identität' zu erhöhen,
auch zur Diskussion bzw. sogar in Frage gestellt werden. Zwar ist die Herausbildung einer ‚europäischen Identität' einerseits zu begrüßen, da man sie
als Überwindung oft gewaltsamer, zwischennationaler Differenzen oder als
Ventil für innerstaatliche Gegensätze in Form eines ‚Europas der Regionen'
begreifen kann. Andererseits werden bei dieser Integration nach innen aber
auch Gegensätze nach außen aufgebaut, die in der (west-) europäischen
Wahrnehmung vom „Schnauben von Dschingis-Chans Streitrossen hinter
dem Bug"[321] bis hin zu einer „neue[n] Furcht [...] vor zunehmender parakrimineller Verostung des Westens"[322] führen können. Dies ist bei allen Integra-
tionsbemühungen innerhalb der EU zu bedenken, die nur im Zusammenspiel
damit Aussicht auf Erfolg haben, dass das Selbst ein oder mehrere Andere
als Kontrastfolie nutzt und sich davon abgrenzt und distanziert. Eine tiefere
Integration nach innen ist also nicht ohne eine stärkere und wertende Abgrenzung nach außen möglich; es ist dies ein Preis, den, wer tiefer gehende
Integration nach innen befürwortet, auch zu zahlen bereit sein muss.

Wie ist in diesem Zusammenhang die Osterweiterung der Europäischen
Union einzuschätzen, diese viel beschworene „Rückkehr nach Europa"[323]?
Zehn bisher östlich der EU gelegene Staaten haben es – neben der Erfüllung
der technischen Kopenhagener Kriterien – vermocht, ihre Vorstellung von einer Zugehörigkeit zu Mitteleuropa erfolgreich zu vermitteln, so dass die Anerkennung ihrer ‚Europäizität' zum Beitritt zur EU führte. Durch den Beitritt ist
eine Grenze gefallen bzw. zumindest in ihrer ‚Intensität' deutlich herabgesetzt
worden, entlang derer sich seit dem Ende des Zweiten Weltkriegs die verfeindeten Blöcke des Westens und des Ostens gegenüberstanden. Durch

321 Jaworski (1988:549; wie Fn. 25).
322 Mettke (2006; wie Fn. 27).
323 Schlögel (2002b:249).

das Fallen dieser ehemaligen EU-Ostgrenze wurde und wird ein Gegensatz abgebaut, sowie eine Integration der neuen Mitgliedstaaten in das als ihr eigentliches Selbst empfundene EU-Europa ermöglicht. EU-Europa kann somit weiter friedlich zusammenwachsen.

Aber hat sich durch die Osterweiterung am Umstand der Grenzziehung und Antagonisierung grundsätzlich etwas geändert? Letztendlich wurde die EU-Ostgrenze nur verschoben und an anderer Stelle wieder aufgerichtet. Ihre Fest-Legung und die damit verbundenen Abgrenzungen, Distanzierungen und nicht-positiven Wertungen bleiben erhalten; die Einigung und Integration der alten und neuen Mitgliedstaaten erfolgt nun bloß vor der Kontrastfolie anderer Anderer. Auch wenn sich das EU-Europa nach Osten erweitert hat, und somit die *Mitte Europas* nun weiter ostwärts liegt, wie Karl Schlögel das in den 1980er Jahre einmal programmatisch formuliert hat,[324] so liegt *Europa* doch noch immer westwärts. Weiterhin wird im westlich gelegenen EU-Europa bestimmt, wie Europa zu sein hat, so dass derjenige seine Narrationen nach Westen rufen muss, der wie etwa die Georgier, Moldauer oder Ukrainer möchte, dass seine ,Europäizität' anerkannt wird. Bis zu dieser Anerkennung bleiben sie aus EU-europäischer Sicht Teil eines Nicht-(EU-)Europas, das für EU-Europa nicht europäisch genug ist und sich erst noch in ,Transition' europäisieren und entwickeln muss – bis zur eventuellen Anerkennung durch den Ritterschlag der EU-Vollmitgliedschaft, bis zu ihrer ,Rückkehr nach Europa'.

Man muss sich fragen, wo denn dann die Grenzen EU-Europas gezogen werden sollen. Schließlich ist die Frage nach dessen Grenzen keine theoretische Spielerei, sondern muss, wenn die EU als politische und administrative Einheit ,funktionieren' soll, auch mit einer praktikablen Antwort bedacht werden. Die Auseinandersetzung mit den Narrationen zeigte jedoch zum einen, dass eine Grenzziehung immer vom Standpunkt des eine bestimmte Narration Erzählenden und seinen politischen Interessen abhängt, und zum anderen, dass keines der zur Abgrenzung verwendeten Unterscheidungsmerkmale überzeugen kann, dass somit keine überzeugend zu begründende alternative Grenzziehung möglich ist.

---

324   Schlögel (2002a): „Die Mitte liegt ostwärts".

128 MARCEL VIËTOR

Eine Alternative könnte sein, dass neben ,Vollmitgliedschaft' und ,keine Voll-
mitgliedschaft' weitere Optionen zur Verfügung stehen. Würden stattdessen
beispielsweise mehrere kleine und sich überlappende Räume Schritt für
Schritt ineinander übergehen, so dass kleinstufige Übergänge den jeweiligen
Unterschieden und Gemeinsamkeiten gerechter werden könnten,[325] so wäre
nicht eine dieser Grenzen die ,alles entscheidende'. ,Euroland' oder ,Schen-
genland' können als kooperative Beispiele dienen, an denen nicht alle Mitgliedstaaten mitwirken und im Falle von ,Schengenland' zudem auch Nicht-
EU-Staaten.[326] Diese Überlappung kleinerer Räume auch über bisher in Narrationen vorgestellte Grenzen hinweg könnte der Antagonisierung von Selbst
und Anderem, deren Distanzierung sowie der negativen Bewertung des Anderen entgegenwirken. Die Idee der auf die Europäische Union bezogenen
Herausbildung und Bewusstmachung einer ,*europäischen* Gemeinschaft' und
einer ,*europäischen* Identität' müsste in einer solchen Konzeption allerdings
aufgegeben werden – und somit auch das Projekt einer sich immer weiter in-
tegrierenden Europäischen Union, wie es seit ihrer Gründung bis heute betrieben wird. Eine weitere Alternative böte wohl nur die Loslösung der Frage
nach ,europäischer Identität' von der nach der Mitgliedschaft in der EU. Würde eine Mitgliedschaft alleine von technischen Kriterien, wie sie etwa in den
wirtschaftlichen, politischen und rechtlichen Kopenhagener Kriterien ausgedrückt sind, von der institutionellen ,Aufnahmefähigkeit' sowie vom politischen
Willen in den Mitgliedstaaten abhängen, verlören die Anerkennung von Europäizität und die damit verbundene Abgrenzung gegenüber Nicht-Europa an
Brisanz.

---

325 Vgl. Kuus' (2007b:160, 156) Vorstellung eines Übergangs zwischen „European-
ness" einer- und „Eastness" andererseits, sowie von einer „gradation of Eastness",
die dem Gegensatz von West und Ost nach dem Ende des Kalten Krieges nachge-
folgt sei.
326 Vergleichbar ist dies auch bei der die EU und die nordafrikanischen Anrainerstaaten
umfassenden Union für das Mittelmeer (Merkel (2008)). Hinsichtlich der Ukraine
brachte auch die ukrainische Premierministerin Julija Timošenko (zitiert in Der
Spiegel (2008)) die Attraktivität solcher Räume zum Ausdruck, als sie sagte, sie
strebe für die Ukraine „eine Nähe zur EU nach dem Beispiel der Schweiz und Nor-
wegens" an.

10.3   Die volkskundlich-kulturwissenschaftliche Forschung und Europa – Ausblicke

Welche Bedeutungen haben diese Schlussfolgerungen aus der Betrachtung und Analyse der behandelten Narrationen für ,Europa' als Thema volkskundlich-kulturwissenschaftlicher Forschung? Zunächst ist festzustellen, dass Europa in der Tat nur *scheinbar* selbstverständlich ist und wir uns bei der Beschäftigung mit Europa seiner narrativen Konstruktion bewusst sein sollten. Wir sollten Europa deshalb nicht unreflektiert als ,Herkunft unseres Denkens' oder als unseren ,kulturellen Horizont' auffassen und Forschung ,im europäischen Rahmen' betreiben. Welche der möglichen Konstruktionen soll denn welche Herkunft, welchen Horizont darstellen? Und ein ,europäischer Rahmen' für unsere Forschung scheint folglich nicht nur pragmatisch, sondern auch grundsätzlich zu begründen zu sein. Europa kann in bestimmten Kontexten und Fragestellungen dabei durchaus der angemessene ,Rahmen' für die Auseinandersetzung mit dem scheinbar Selbstverständlichen sein – scheinbare Selbstverständlichkeiten stellen aber auch ohne Bezug zu einem wie auch immer vorgestellten Europa die zentralen Untersuchungsgegenstände für das Fach dar. Ob es sich dann ,Europäische Ethnologie' nennen soll, ist – entsprechend der Frage, ob ,(Deutsche) Volkskunde' die angemessene Bezeichnung sein kann – eine andere Debatte.

Die in dieser Arbeit vorgestellten Narrationen, die vor allem von Intellektuellen, politischen Entscheidungsträgern oder anderen zu ,Eliten' gehörenden Menschen aus einem jeweiligen Interesse heraus erzählt worden waren, haben somit nur einen möglichen Aspekt der Auseinandersetzung mit ,Europa' und ,europäischer Identität' auf einer Makroebene dargestellt. Daran anschließend bieten sich für zukünftige Forschung vor allem empirische Untersuchungen im Alltag von Menschen an, die keinen professionellen Bezug zu Europa oder zur Europäischen Union haben. Welche Rolle spielt eine ,europäische Identität' in ihrem Alltag? In welchen Kontexten? Wie wird ,Europa' in den Gegenden aufgefasst, die als Europas Grenzen vorgestellt wurden und werden, hier insbesondere in den Gegenden entlang der neuen wie auch der alten EU-Ostgrenze? Ist in diesen Grenzregionen ein so genanntes ,dialogisches' Konzept von Identität (entstanden aus der Abgrenzung von zwei Polen, dem Selbst und dem Nicht-Selbst bzw. Anderen), wie hier vertreten, überhaupt anwendbar? Oder sind vielmehr aus einem ‚dialektischen' Weg hervorgegangene, die Gegenüberstellung von Selbst und Anderem überwindende ‚hybride' Identitäten (als ‚Auch-Selbst') möglich?[327]

Bei allen Einschränkungen bleibt letztendlich doch deutlich, dass „places have to be seen in the making"[328] – nicht nur für den empirisch zu erforschenden konkreten Ort, sondern ebenso und gedanklich bereits einen Schritt zuvor für die Untersuchung der konzeptionellen Konstruktion von Räumen und territorialisierten Gemeinschaften wie denen von ‚Europa' und ‚europäischer Identität'.

---

327   Vgl. das in Kapitel 3.2.2 ausgeführte Plädoyer von Kristeva für den in dieser Arbeit verfolgten – jedoch in bestimmten Kontexten eventuell zu relativierenden – ‚Dialogismus'. Aus einer theoretischen, vor-empirischen Perspektive erscheint das ‚dialogische' Verständnis jedenfalls überzeugender, da eine ‚hybride' Identität unweigerlich zu einem neuen Selbst gegenüber den bisherigen Anderen wird. Ein solches ‚Auch-Selbst' kann zwar temporär die Gegenüberstellung von Selbst und Anderem um einen dritten Pol erweitern. Dieses ‚Auch-Selbst' ist aber gleich wieder als neues Selbst vorzustellen, dem dann wiederum dem ‚dialogischen' Konzept folgend neue Andere gegenübergestellt werden, unter anderem die beiden früheren Pole.

328   Frykman/Niedermüller (2002:3; wie Fn. 31).

Abbildungen

Abb. 1: „Die Ostgrenze Europas gegen Asien".
Quelle: URL: http://www.deuframat.de/parser/parser.php?file=/
deuframat/deutsch/1/1_2/schultz/kap_23.htm [Stand: 18.08.2009].

Abb. 2: „Das politische ‚Osteuropa' 1989".
Quelle: Sapper, Manfred [u.a.] (Hg.)(2005): *Europa bilden. Politische Bildung zwischen Ost und West.* (= Themenheft von Osteuropa 8/2005). Berlin. Einschub II, Karte 2.

Abb. 3: „Die Europäische Union, Beitrittskandidaten, Nachbarschaftspartner und EFTA-Staaten 2007".
Quelle: Sapper, Manfred [u.a.] (Hg.)(2007): *Inklusion, Exklusion, Illusion. Konturen Europas: Die EU und ihre Nachbarn.* (= Themenheft von Osteuropa 2-3/2007). Berlin. Einschub I, Karte 1.

Abb. 4: „Seven Versions of the ‚West'".
Quelle: Lewis, Martin W. / Wigen, Kären E. (1997): *The Myth of Continents. A Critique of Metageography.* Berkeley/Ca [u.a.]. S. 50f.

Abb. 5: „Migrations of the ‚East' and the ‚Orient'".
Quelle: Lewis, Martin W. / Wigen, Kären E. (1997): *The Myth of Continents. A Critique of Metageography.* Berkeley/Ca [u.a.]. S. 56f.

Abb. 6: „Einteilungs-Schemata für Europa".
Quelle: Schultz, Hans-Dietrich (2002): „Raumkonstrukte der klassischen deutschsprachigen Geographie des 19./20. Jahrhunderts im Kontext ihrer Zeit". In: *Geschichte und Gesellschaft* 28, S. 343-377, hier S. 357.

Abb. 7: „Das sozialsystemare Europa während des West-Ost-Konflikts".
Quelle: Sapper, Manfred [u.a.] (Hg.)(2005): *Europa bilden. Politische Bildung zwischen Ost und West.* (= Themenheft von Osteuropa 8/2005). Berlin. Einschub I, Karte 3.

Abb. 1: „Die Ostgrenze Europas gegen Asien"

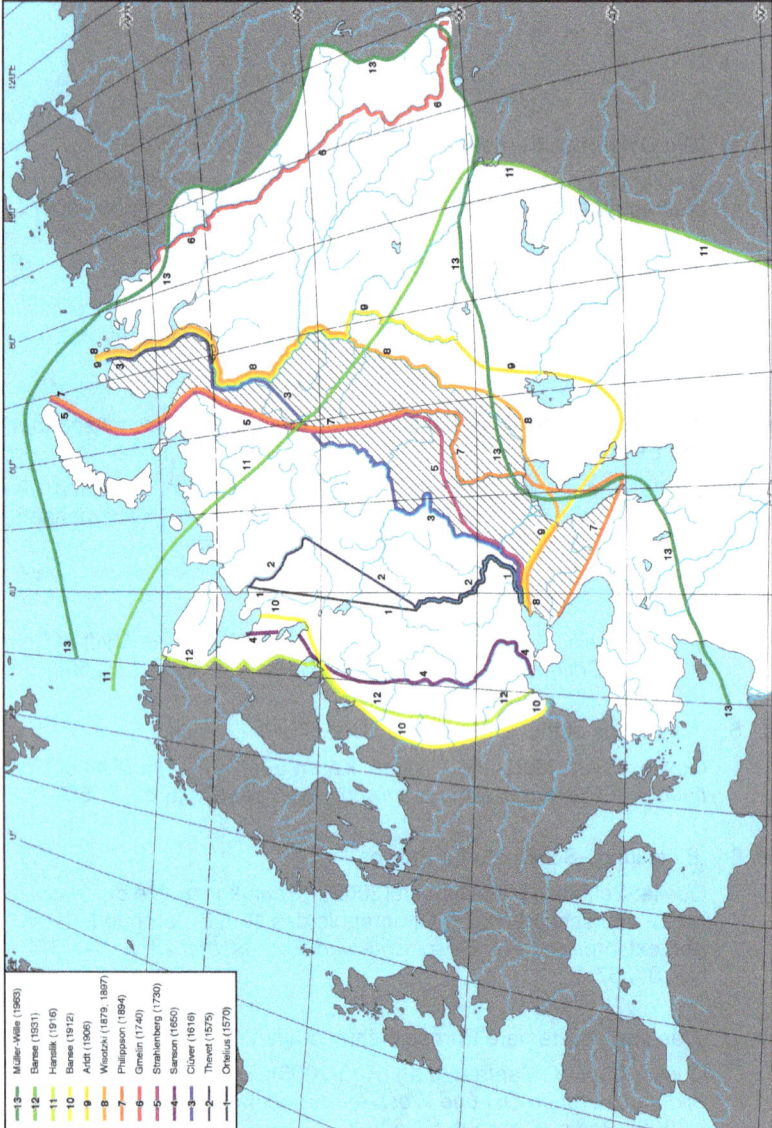

Abb. 2: „Das politische ‚Osteuropa' 1989"

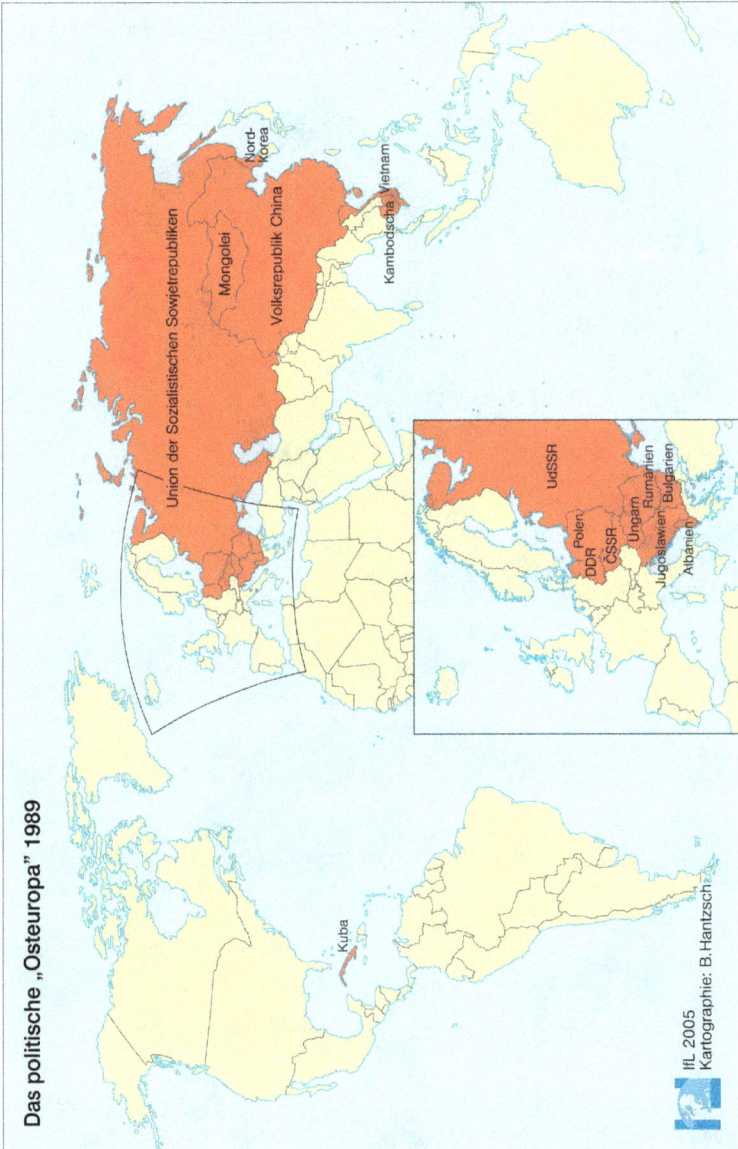

Das politische „Osteuropa" 1989

Union der Sozialistischen Sowjetrepubliken

Mongolei

Volksrepublik China

Nord-Korea

Vietnam

Kambodscha

Kuba

UdSSR

Polen

DDR

ČSSR

Ungarn

Rumänien

Bulgarien

Jugoslawien

Albanien

IfL 2005
Kartographie: B. Hantzsch

Abb. 3: „Die EU-27 und mögliche Erweiterungen"

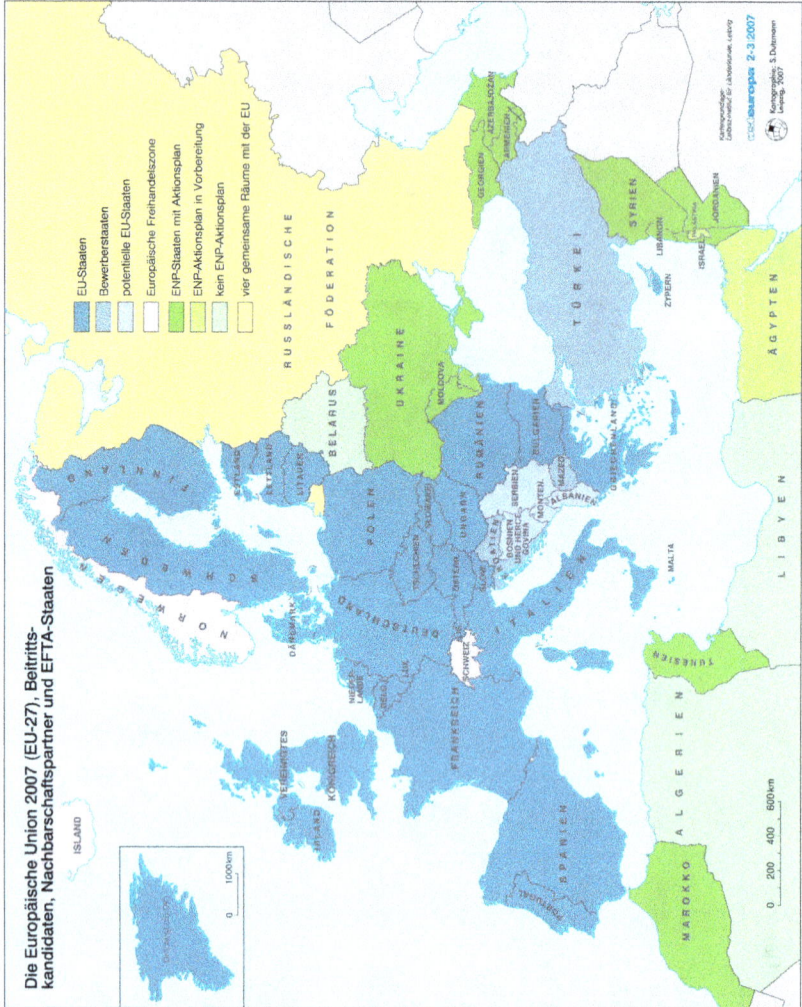

Abb. 4: „Seven Versions of the ‚West'"

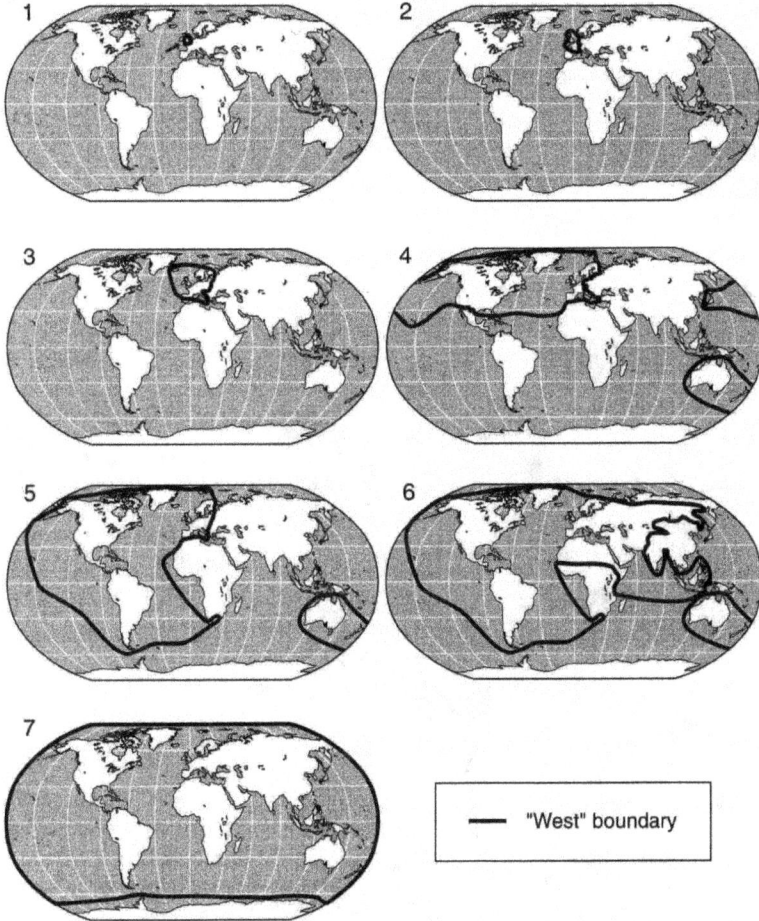

"Seven Versions of the 'West.' The portion of the earth denoted by the term *West* varies tremendously from author to author and from context to context (the area enclosed by a heavy black line is what has been called the West): 1) One extreme incarnation, where the West includes only England ('The Wogs begin at Calais,' as an old racist, xenophobic refrain has it). 2) The standard minimal West, which is essentially Britain, France, the Low Countries, and Switzerland. As interpreted by Thomas Mann, this West is basically centered on France. 3) The historical West of medieval Christendom, circa 1250. 4) The West

of the Cold War Atlantic alliance, or Europe and its 'settler colonies' (with Japan often in-cluded as well). 5) The greater 'cultural' West. By the criteria of language, religion, and 'high culture,' Latin America and the areas of concentrated European settlement in South Africa are added to the West. [...] (Those more concerned with 'race,' on the other hand, are inclined to add only Argentina, Uruguay, and southern Brazil.) 6) The maximum West of the eco-radical and New Age spiritual imagination. In this formulation, all areas of Chris-tian and Islamic heritage are included. 7) The global (future?) West of modernization. See, for instance, Arnold Toynbee's cartography showing the entire globe as under Western hegemony in one form or another, whether political, 'associative' (India, Iran, Ethiopia), or 'in the heterodox form of Communism' [...]."

Abb. 5: „Migrations of the ‚East' and the ‚Orient'"

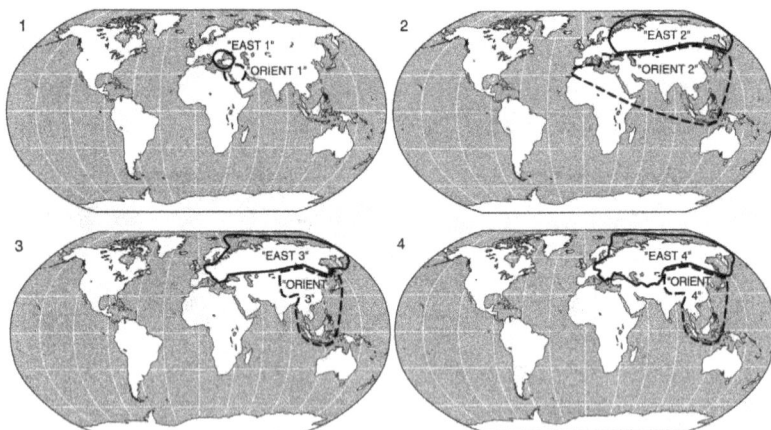

"*Migrations of the 'East' and the 'Orient.'* The two terms are often used synonymously; what we have attempted to do here is to abstract the more cultural connotations of the term *Orient* from the more geopolitical connotations of the term *East*. In European histori-ography, the Orient begins its career in Egypt, the Levant, and adjoining areas ('Orient 1'). Subsequently, the Orient expands eastward and westward to include all non-European areas of Eurasian civilization ('Orient 2'). Finally, the Orient is pushed eastward outside of its original range altogether to encompass only East Asia, Southeast Asia, and eastern Central Asia (the 'pseudo-racial Orient,' or 'Orient 3'). The postwar Orient ('Orient 4') is vir-tually identical to 'Orient 3,' although minor adjustments have been made to reflect Japan's territorial losses. The East, in a more geopolitical sense, originally referred to the heartland of the Eastern Roman Empire, centered on Constantinople and identified with the Eastern Orthodox faith ('East 1'). Eventually, Russia became its focus ('East 2'). 'East 3' shows the westward expansion of this conceptual space; in the interwar period it commonly encom-passed all of Germany. The Cold War 'communist East' is depicted as 'East 4.'"

Abb. 6: „Einteilungs-Schemata für Europa"

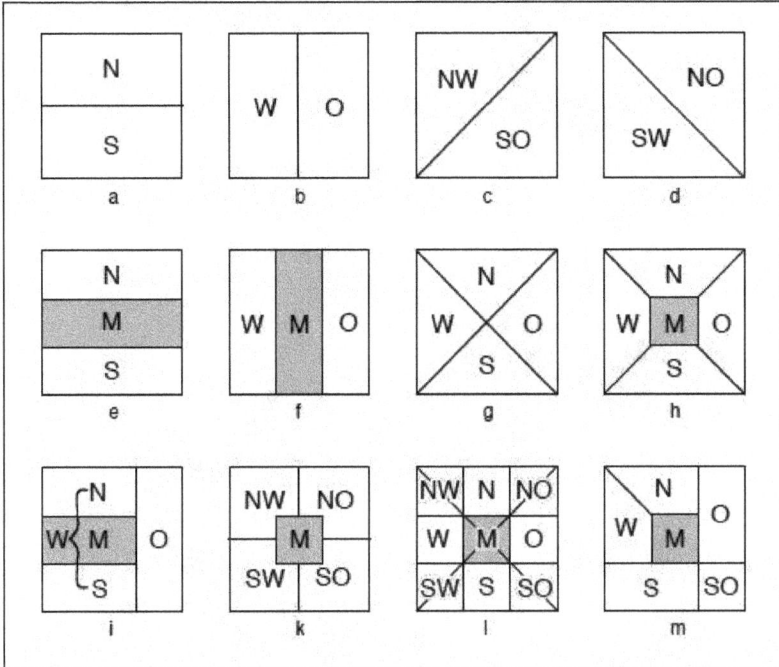

Abb. 7: „Das sozialsystemare Europa während des West-Ost-Konflikts"

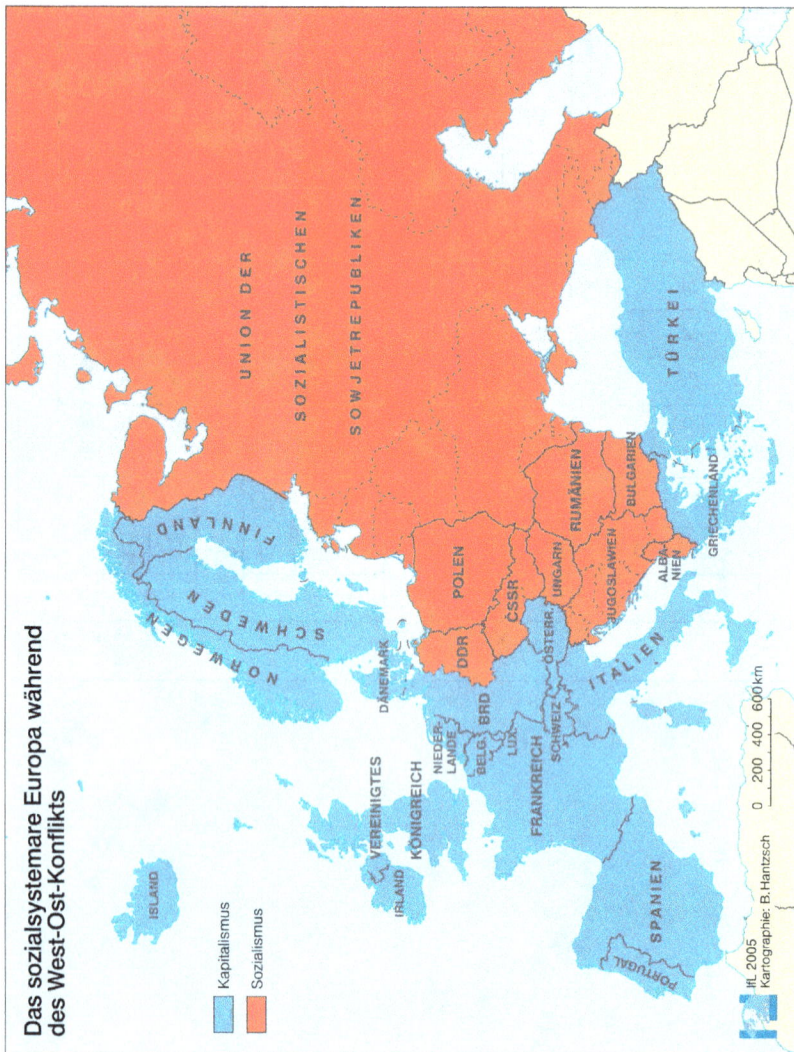

Das sozialsystemare Europa während des West-Ost-Konflikts

Kapitalismus
Sozialismus

UNION DER SOZIALISTISCHEN SOWJETREPUBLIKEN

TÜRKEI

FINNLAND

NORWEGEN

SCHWEDEN

DÄNEMARK

POLEN

ČSSR

UNGARN

RUMÄNIEN

BULGARIEN

JUGOSLAWIEN

ALBANIEN

GRIECHENLAND

DDR

BRD

ÖSTERR.

ITALIEN

SCHWEIZ

NIEDERLANDE

BELG.

LUX.

FRANKREICH

VEREINIGTES KÖNIGREICH

IRLAND

ISLAND

SPANIEN

PORTUGAL

0 200 400 600km

ifl, 2005 Kartographie: B. Hantzsch

Literatur

Amelung, Peter (1964): *Das Bild des Deutschen in der Literatur der italienischen Renaissance (1400-1559)* (= Münchner Romanistische Arbeiten 20). München.

Anderson, Benedict (1996): *Die Erfindung der Nation. Zur Karriere eines folgenreichen Konzepts.* Erweiterte Neuausgabe. Frankfurt a. M. [u.a.]. [Orig.: Anderson, Benedict (1983): *Imagined Communities. Reflections on the Origins and Spread of Nationalism.* London].

Andruchovyč, Jurij (2003a): „Mit einer seltsamen Liebe...". In: *Osteuropa* 53, S. 1215-1222.

Andruchowytsch, Juri (2003b): „Zeit und Ort oder Mein letztes Territorium". [Orig.: 1999]. In: Andruchowytsch, Juri (2003): *Das letzte Territorium. Essays.* Frankfurt a. M. S. 60-71.

Andruchowytsch, Juri (2004): „Mittelöstliches Memento". In: Andruchowytsch, Juri / Stasiuk, Andrzej (2004): *Mein Europa. Zwei Essays über das sogenannte Mitteleuropa.* Frankfurt a. M. S. 5-74. [Orig.: Andruchovyč, Jurij (2000): „Central'no-schidna revizija". In: Andruchovyč, Jurij / Stasiuk, Andrzej (2000): *Moja Evropa. Dwa eseje o Evropie zwanej Środkowa.* Wołowiec].

Anthropolitan (1999): *Globalisierung* (= Themenheft von Anthropolitan 7).

Ash, Timothy Garton (1989): „Does Central Europe Exist?". [Orig.: 1986]. In: Ash, Timothy Garton (1989): *The Uses of Adversity. Essays on the Fate of Central Europe.* Cambridge. S. 161-191.

Bach, Maurizio (2000): „Die Europäisierung der nationalen Gesellschaft? Problemstellungen und Perspektiven einer Soziologie der europäischen Integration". In: *Kölner Zeitschrift für Soziologie und Sozialpsychologie* 40, S. 11-35.

Barth, Fredrik (1970a): „Introduction". In: Barth, Fredrik (Hg.)(1970): *Ethnic Groups and Boundaries. The Social Organization of Culture Difference.* Reprint. Bergen [u.a.]. S. 9-38. [Orig.: 1969].

Barth, Fredrik (1970b): „Pathan Identity and its Maintenance". In: Barth, Fredrik (Hg.)(1970): *Ethnic Groups and Boundaries. The Social Organization of Culture Difference.* Reprint. Bergen [u.a.]. S. 117-134. [Orig.: 1969].

Bassin, Mark (1991): „Russia between Europe and Asia. The Ideological Construction of Geographical Space". In: *Slavic Review* 50, S. 1-17.

140   MARCEL VIËTOR

Bassin, Mark (2002): „Imperialer Raum – Nationaler Raum. Sibirien auf der kognitiven Landkarte Rußlands im 19. Jahrhundert". In: *Geschichte und Gesellschaft* 28, S. 378-403.

Bausinger, Hermann (1987): „Neue Felder, neue Aufgaben, neue Methoden". In: Chiva, Isac / Jeggle, Utz (Hg.)(1987): *Deutsche Volkskunde – Französische Ethnologie. Zwei Standortbestimmungen.* Frankfurt a. M. [u.a.]. S. 326-344.

Bausinger, Hermann (1994): „Region – Kultur – EG". In: *Österreichische Zeitschrift für Volkskunde* XLVIII/97, S. 113-140.

Becker, Franziska (2005a): „Ortsidentitäten im ‚Europa der Regionen'. Das Beispiel einer schrumpfenden Stadt an der deutsch-polnischen Grenze". In: Beate Binder [u.a.] (Hg.)(2005): *Ort. Arbeit. Körper. Ethnografie Europäischer Modernen. 34. Kongress der Deutschen Gesellschaft für Volkskunde, Berlin 2003* (= Schriftenreihe Museum Europäischer Kulturen 3). Münster [u.a.]. S. 175-183.

Becker, Franziska (2005b): „Die Grenzstadt als Laboratorium der Europäisierung". In: Berking, Helmuth / Löw, Martina (Hg.)(2005): *Die Wirklichkeit der Städte* (= Soziale Welt, Sonderband 16). Baden-Baden. S. 87-105.

Binder, Beate / Kaschuba, Wolfgang / Niedermüller, Peter (Hg.)(2001): *Inszenierung des Nationalen. Geschichte, Kultur und die Politik der Identitäten am Ende des 20. Jahrhunderts.* Köln [u.a.].

Botschaft Moldau (2006): „Landesprofil. Allgemeine Informationen". URL: http://www.botschaft-moldau.de/de/landesprofil.html [Stand: 05.02.2006].

Burin des Roziers, Etienne (2005): „Europa vom Atlantik bis zum Ural". URL: http://www.charles-de-gaulle.org/article.php3?id_article=243 [Stand: 03.12.2005].

Carnevale, Roberta / Ihrig, Stefan / Weiß, Christian (2005): *Europa am Bosporus (er-)finden? Die Diskussion um den Beitritt der Türkei zur Europäischen Union in den britischen, deutschen, französischen und italienischen Zeitungen – eine Presseanalyse.* Frankfurt a. M. [u.a.].

Churchill, Winston (1946): „Iron Curtain Speech". URL: http://www.fordham.edu/halsall/mod/churchill-iron.html [Stand: 20.03.2006].

Danilevskij, Nikolaj Jakovlevič (1995): *Rossija i Evropa. Vzgljad na kul'turnye i političeskie otnošenija Slavjanskogo mira k Germano-Romanskomu.* Izdanie šestoe. Sankt-Peterburg. [Orig.: 1869]. [Данилевский, Николай Яковлевич (1995): *Россия и Европа. Взгляд на культурные и политические отношения Славянского мира к Германо-Романскому.* Издание шестое. Санкт-Петербург].

Der Spiegel (2004a): „Für Menschenrechte werben". In: *Der Spiegel* 51/2004, S. 30-34.

Der Spiegel (2004b): „Schäuble wirft Verheugen Amtsmissbrauch vor". URL: http://www.spiegel.de/politik/deutschland/0,1518,319996,00.html [Stand: 26.09.2004].

Der Spiegel (2008): „Riskanter Reformkurs". In: *Der Spiegel* 6/2008, S. 77.

Dracklé, Dorle / Kokot, Waltraud (1996): „Neue Feldforschungen in Europa. Grenzen, Konflikte, Identitäten". In: Kokot, Waltraud / Dracklé, Dorle (Hg.) (1996): *Ethnologie Europas. Grenzen, Konflikte, Identitäten.* Berlin. S. 3-20.

Drakulić, Slavenka (1997): *Café Europa. Life after Communism.* New York [u.a.].

Dülffer, Jost (2005): „Zeitgeschichte in Europa – oder europäische Zeitgeschichte?". In: *Aus Politik und Zeitgeschichte* 1-2/2005, S. 18-26.

Eisch, Katharina (1996): *Grenze. Eine Ethnographie des bayerisch-böhmischen Grenzraums* (= Bayerische Schriften zur Volkskunde 5). München.

Erixon, Sigurd (1937): „Regional European Ethnology". In: *Folkliv* 1937, S. 89-108.

Europäische Union (2006): „Konsolidierte Fassung des Vertrags über die Europäische Union und des Vertrags zur Gründung der Europäischen Gemeinschaft". In: Amtsblatt der Europäischen Union C321E / 2006.

Europäische Union (2009): „Index". URL: http://europa.eu/index_de.htm [Stand: 01.09.2009].

Fehl, Caroline (2005): *Europäische Identitätsbildung in Abgrenzung von den USA? Eine Untersuchung des deutschen und britischen Mediendiskurses über das transatlantische Verhältnis* (= Forschungsberichte Internationale Politik 32). Münster.

Fischer, Jürgen (1957): *Oriens – Occidens – Europa. Begriff und Gedanke „Europa" in der späten Antike und im frühen Mittelalter* (= Veröffentlichungen des Instituts für Europäische Geschichte Mainz 15). Wiesbaden.

Frantz, Constantin (1879): *Der Föderalismus als das leitende Princip für die sociale, staatliche und internationale Organisation unter besonderer Bezugnahme auf Deutschland. Kritisch nachgewiesen und constructiv dargestellt.* Mainz.

Frykman, Jonas (1999): „Belonging in Europe. Modern Identities in Minds and Places". In: *Ethnologia Europaea* 29/2, S. 13-24.

Frykman, Jonas / Niedermüller, Peter (2002): „Getting Europe into Place". In: *Ethnologia Europaea* 32, S. 3-6.

Gerndt, Helge (1972): „Vergleichende Volkskunde. Zur Bedeutung des Vergleichs in der volkskundlichen Methodik". In: *Zeitschrift für Volkskunde* 68, S. 179-195.

Giannakopoulos, Angelos / Maras, Konstadinos (Hg.)(2005): *Die Türkei-Debatte in Europa – ein Vergleich.* Wiesbaden.

Giesen, Bernhard (1999): „Europa als Konstruktion der Intellektuellen". In: Viehoff, Reinhold / Segers, Rien T. (Hg.)(1999): *Kultur. Identität. Europa. Über die Schwierigkeiten und Möglichkeiten einer Konstruktion.* Frankfurt a. M. S. 130-146.

Giesen, Bernhard (2003): „The Collective Identity of Europe. Constitutional Practice or Community of Memory?". In: Spohn, Willfried / Triandafyllidou, Anna (Hg.)(2003): *Europeanisation, National Identities and Migration. Changes in Boundary Constructions between Western and Eastern Europe.* London [u.a.]. S. 21-35.

Girardet, Klaus Martin (2001): „Bundesstaaten im antiken Griechenland und das römische Imperium als ‚supranationale' Ordnung. Modelle für ein vereintes Europa von morgen?". In: Holtmann, Dieter / Riemer, Peter (Hg.) (2001): *Europa. Einheit und Vielfalt. Eine interdisziplinäre Betrachtung* (= Region – Nation – Europa 10). Münster [u.a.]. S. 103-128.

Goddard, Victoria A. / Llobera, Josep / Shore, Cris (1994): „Introduction. The Anthropology of Europe". In: Goddard, Victoria A. / Llobera, Josep / Shore, Cris (Hg.)(1994): *The Anthropology of Europe. Identity and Boundaries in Conflict.* Oxford [u.a.]. S. 1-40.

Gollwitzer, Heinz (1964): *Europabild und Europagedanke. Beiträge zur deutschen Geistesgeschichte des 18. und 19. Jahrhunderts.* 2., neubearbeitete Auflage. München. [Orig.: 1951].

Goody, Jack (1996): *The East in the West.* Cambridge [u.a.].

Goody, Jack (2004): *Islam in Europe.* Cambridge.

Greverus, Ina-Maria (1972): *Der territoriale Mensch. Ein literaturanthropologischer Versuch zum Heimatphänomen.* Frankfurt a. M.

Groh, Dieter (1988): *Rußland im Blick Europas. 300 Jahre historische Perspektiven.* Frankfurt a. M. [Erweiterte Fassung des Orig.: Groh, Dieter (1961): *Russland und das Selbstverständnis Europas. Ein Beitrag zur europäischen Geistesgeschichte.* Neuwied].

Habermas, Jürgen (1992): *Faktizität und Geltung. Beiträge zur Diskurstheorie des Rechts und des demokratischen Rechtsstaats.* 2. Auflage. Frankfurt a. M. [Orig.: 1992].

Halecki, Oskar (1957): *Europa. Grenzen und Gliederung seiner Geschichte.* Darmstadt. [Orig.: Halecki, Oskar (1950): *The Limits and Divisions of European History.* London [u.a.]].

Haller, Dieter / Donnan, Hastings (Hg.)(2000): *Borders and Borderlands. An Anthropological Perspective* (= Themenheft von Ethnologia Europaea 30/2). Copenhagen.

Hann, Chris (2000): „Culture and Civilization in Central Europe. A Critique of Huntington's Theses". In: Konitzer, Werner / Bosselmann-Cyran, Kristian (2000): *Ein erweitertes Europa verstehen. Die Rolle der Geistes-, Sozial- und Wirtschaftswissenschaften* (= Understanding an Enlarged Europe. The Role of the Humanities, the Social Sciences and Economics). Frankfurt a. M. [u.a.]. S. 99-120.

Hänschen, Steffen (2004): „Mitteleuropa redivivus? Stasiuk, Andruchovyč und der Geist der Zeit". In: *Osteuropa* 54, S. 43-56.

Harbsmeier, Michael (1999): „Character, Identity, and the Construction of Europe". In: *Ethnologia Europaea* 29/2, S. 5-12.

Harris, Marvin (1989): *Kulturanthropologie. Ein Lehrbuch.* Frankfurt a. M. [u.a.].

Hartmann, Andreas (2000): „Was ist eine Grenze? Eine kulturwissenschaftliche Vermessung". In: *Rheinisch-westfälische Zeitschrift für Volkskunde* 45, S. 9-19.

Hauschild, Thomas (1982): „Zur Einführung. Formen Europäischer Ethnologie". In: Nixdorff, Heike / Hauschild, Thomas (Hg.)(1982): *Europäische Ethnologie. Theorie- und Methodendiskussion aus ethnologischer und volkskundlicher Sicht.* S. 11-26.

Haushofer, Albrecht (1930): „Mitteleuropa und der Anschluß". In: Kleinwaechter, Friedrich / von Paller, Heinz (Hg.)(1930): *Die Anschlußfrage in ihrer kulturellen, politischen und wirtschaftlichen Bedeutung.* Wien [u.a.]. S. 150-159.

Hebel, Christina (2006): „Das Ende der Welt ist grün – Alltag an der EU-Grenze in Ostpolen". In: *Deutsche Presse-Agentur – Reportagedienst*, 13.01.2006.

Hell, Esther / Ramuschkat, Heike (2002): „Einfluss und Wirkung der EURO-Werbung auf den Betrachter". In: *VOKUS. Volkskundlich-Kulturwissenschaftliche Schriften* 12/1, S. 71-81.

Herder, Johann Gottfried (1878): „Journal meiner Reise im Jahr 1769". [Orig.: 1769]. In: Suphan, Bernhard (Hg.)(1878): *Herders Sämtliche Werke Bd. 4.* Berlin. S. 343-461.

Herder, Johann Gottfried von (1885): „Adrastea. Dritter Band". [Orig.: 1802]. In: Suphan, Bernhard (Hg.)(1885): *Herders Sämtliche Werke Bd. 23.* Berlin. S. 407-587.

Hörz, Peter (1999): „Über Grenzen. Ein volkskundlich-soziologischer Grenzumgang im ‚Europäischen Haus'". In: *Österreichische Zeitschrift für Volkskunde* LIII/102, S. 21-48.

Hryaban, Viktoria (2005): „Europäisierung und Europa im Spannungsfeld zwischen Europäischer Union und der Ukraine". Vortrag gehalten am 19.11.2005 in Tübingen auf dem Symposion „Where is Europe? Wo ist Europa? Où est l'Europe? Dimensionen und Erfahrungen des neuen Europa".

Huntington, Samuel (1996): *The Clash of Civilizations and the Remaking of World Order.* New York.

Huropp, Silke (2000): „Von der Idee zur Identität. Wie Brüssel Europäer bastelt". In: *Anthropolitan* 8, S. 5-14.

International Council for Central and East European Studies (2005): „Europe – Our common Home?".
URL: http://www.iccees2005.de/default.html [Stand: 03.12.2005].

Jahn, Egbert (1990): „Wo befindet sich Osteuropa?". In: *Osteuropa* 40, S. 418-440.

Jaworski, Rudolf (1988): „Die aktuelle Mitteleuropadiskussion in historischer Perspektive". In: *Historische Zeitschrift* 247, S. 529-550.

Jaworski, Rudolf (1992): „Ostmitteleuropa. Zur Tauglichkeit und Akzeptanz eines historischen Hilfsbegriffs". In: Eberhard, Winfried [u.a.] (Hg.)(1992): *Westmitteleuropa* – *Ostmitteleuropa. Vergleiche und Beziehungen.* München. S. 37-45.

Jeggle, Utz (Hg.)(1991): *Zur Grenze. Ethnographische Skizzen.* Ausstellungskatalog. Tübingen.

Johler, Reinhard (1999): „Telling a National Story with Europe. Europe and the European Ethnology". In: *Ethnologia Europaea* 29/2, S. 67-74.

Johler, Reinhard (2000): „Eine ‚Ost/West'-Ethnographie. Volkskundliche Perspektiven auf Europa". In: *Schweizerisches Archiv für Volkskunde* 96, S. 187-200.

Johler, Reinhard (2001): „Ach Europa! Zur Zukunft der Volkskunde". In: König, Gudrun M. / Korff, Gottfried (Hg.)(2001): *Volkskunde '00. Hochschulreform und Fachidentität* (= Studien und Materialien des Ludwig-Uhland-Instituts der Universität Tübingen 22). Tübingen. S. 165-180.

Johler, Reinhard (2002a): „Wieviel Europa braucht die Europäische Ethnologie? Die Volkskunden in Europa und die ‚Wende'". In: Köstlin, Konrad / Niedermüller, Peter / Nikitsch, Herbert (Hg.)(2002): *Die Wende als Wende? Orientierungen Europäischer Ethnologen nach 1989.* Wien. S. 150-165.

Johler, Reinhard (2002b): „Local Europe. The Production of Cultural Heritage and the Europeanisation of Places". In: *Ethnologia Europaea* 32, S. 7-18.

Johler, Reinhard (2004): „Nomen est Omen. Zur Internationalität eines ‚Vielnamenfaches'". In: Bendix, Regina / Eggeling, Tatjana (Hg.)(2004): *Namen und was sie bedeuten. Zur Namensdebatte im Fach Volkskunde.* Göttingen. S. 51-64.

Johler, Reinhard (2005a): „Auf der Suche nach dem ‚anderen' Europa. Eugenie Goldschmidt und die Wiener ‚Völkerkunde Europas'". In: *Österreichische Zeitschrift für Volkskunde* LIX/108, S. 151-164.

Johler, Reinhard (2005b): „Europäische Orte. Territorialisierungsprozesse im ‚neuen Europa'". In: Binder, Beate [u.a.] (Hg.)(2005): *Ort. Arbeit. Körper. Ethnografie Europäischer Modernen. 34. Kongress der Deutschen Gesellschaft für Volkskunde, Berlin 2003* (= Schriftenreihe Museum Europäischer Kulturen 3). Münster [u.a.]. S. 33-44.

Kaelble, Hartmut (2008): „Eine europäische Geschichte der Repräsentationen des Eigenen und des Anderen". In: Baberowski, Jörg / Kaelble, Hartmut / Schriewer, Jürgen (Hg.)(2008): Selbstbilder und Fremdbilder. Repräsentationen sozialer Ordnungen im Wandel (= Eigene und fremde Welten 1). Frankfurt [u.a.]. S. 67-81.

Kappeler, Andreas (2001): *Russland als Vielvölkerreich. Entstehung – Geschichte – Zerfall.* Aktualisierte Neuausgabe. München. [Orig.: 1992]

Kaschuba, Wolfgang (1999): *Einführung in die Europäische Ethnologie.* München.

Kaschuba, Wolfgang (2004): „L'identité comme difference. L'allemand comme le non-français chez Herder, Jahn et Arndt". In: *Revue germanique internationale* 21, S. 183-195.

Kaschuba, Wolfgang (2006): „Mythos Europa. Regionale Identitäten als kulturelle Ressource". In: Kufeld, Klaus (Hg.)(2006): Europa – Mythos und Heimat, future: lab – Zukunftssymposium 2006. München. S. 100-111.

Kireevskij, Ivan Vasil'evič (1911): „O charaktere prosvěščenïja Evropy i o ego otnošenïi k" prosvěščenïju Rossïi". [Orig.: 1852]. In: Kireevskij, Ivan Vasil'evič (1911): *Polnoe sobranïe sočinenïj I.V. Kiŕeevskago v" dvuch" tomach" pod" redakcïej M. Geršenzona.* Tom" I. Moskva. S. 174-222. [Кирѣевскій, Иван Васильевич (1911): „О характерѣ просвѣщенія Европы и о его отношеніи къ просвѣщенію Россіи". In: Кирѣевскій, Иван Васильевич (1911): *Полное собраніе И.В. Кирѣевскаго въ двухъ томахъ подъ редакціей М. Гершензона.* Томъ I. Москва].

Klug, Ekkehard (1987): „Das ‚asiatische' Rußland. Über die Entstehung eines europäischen Vorurteils". In: *Historische Zeitschrift* 245, S. 265-289.

Konrád, György (1985): *Antipolitik. Mitteleuropäische Meditationen.* Frankfurt a. M.

Konrád, György (1986): „Der Traum von Mitteleuropa". In: Busek, Erhard / Wilflinger, Gerhard (Hg.)(1986): *Aufbruch nach Mitteleuropa. Rekonstruktion eines versunkenen Kontinents.* Wien. S. 87-97.

Köstlin, Konrad (1995): „Lust aufs Ganze. Die gedeutete Moderne oder die Moderne als Deutung – Volkskulturforschung in der Moderne". In: *Österreichische Zeitschrift für Volkskunde* XLIX/98, S. 255-275.

Köstlin, Konrad (1999): „Vanishing Borders and the Rise of Culture(s)". In: *Ethnologia Europaea* 29/2, S. 31-36.

Köstlin, Konrad (2005): „Region in europäischen Modernen". In: Binder, Beate [u.a.] (Hg.)(2005): *Ort. Arbeit. Körper. Ethnografie Europäischer Modernen. 34. Kongress der Deutschen Gesellschaft für Volkskunde, Berlin 2003* (= Schriftenreihe Museum Europäischer Kulturen 3). Münster [u.a.]. S. 119-126.

Kreis, Georg (2004): *Europa und seine Grenzen. Mit sechs weiteren Essays zu Europa.* Bern [u.a.].

Kundera, Milan (1983): „Un Occident kidnappé ou la tragédie de l'Europe centrale". In: *Le Débat* 27, S. 3-22.

Kuus, Merje (2007a): *Geopolitics Reframed. Security and Identity in Europe's Eastern Enlargement.* Basingstoke/Hampshire.

Kuus, Merje (2007b): „Something Old, Something New. Eastness in European Union Enlargement". In: *Journal of International Relations and Development* 10/2, S. 150-167.

Lang, Kai-Olaf (2004): „Eine neue Visegrád-Gruppe? Perspektiven der ostmitteleuropäischen Kooperation in der größeren EU" (= SWP-Aktuell 27/2004). URL: http://www.swp-berlin.org/common/get_document.php?asset_id=1384 [Stand: 25.03.2006].

Leggewie, Claus (Hg.)(2004): *Die Türkei und Europa – die Positionen.* Frankfurt a. M.

Lehmann, Albrecht (1995): „Vom Verstehen des Selbstverständlichen. Fragestellungen und Methoden der Volkskunde". In: Fetthauer, Sophie / Grauel, Ralf / Matthiesen, Jens (Hg.)(1995): *Die Standortpresse. Kulturwissenschaften in der Standortdiskussion.* Hamburg. S. 87-91.

Lehmann, Albrecht (2005): „Vergleichen – ‚Eine Jämmerlichkeit alles Irdischen'?". In: *Bayerisches Jahrbuch für Volkskunde 2005*, S. 13-19.

Leibniz, Gottfried Wilhelm (1975a): „Concept eines Briefes von Leibniz an Jemand vom Wolfenbüttelschen Hof". [Orig.: 1697]. In: Guerrier, Woldemar (1975): *Leibniz in seinen Beziehungen zu Russland und Peter dem Großen. Eine geschichtliche Darstellung dieses Verhältnisses nebst den darauf bezüglichen Briefen und Denkschriften. Teil II: Leibniz's Russland betreffender Briefwechsel und Denkschriften.* Reprographischer Nachdruck der Ausgabe St. Petersburg-Leipzig 1873. Hildesheim. S. 7-10.

Leibniz, Gottfried Wilhelm (1975b): „Concept eines Briefes von Leibniz an Peter den Grossen". [Orig.: 1712]. In: Guerrier, Woldemar (1975): *Leibniz in seinen Beziehungen zu Russland und Peter dem Großen. Eine geschichtliche Darstellung dieses Verhältnisses nebst den darauf bezüglichen Briefen und Denkschriften. Teil II: Leibniz's Russland betreffender Briefwechsel und Denkschriften.* Reprographischer Nachdruck der Ausgabe St. Petersburg-Leipzig 1873. Hildesheim. S. 205-208.

Lemberg, Hans (1985): „Zur Entstehung des Osteuropabegriffs im 19. Jahrhundert. Vom ‚Norden' zum ‚Osten' Europas". In: *Jahrbücher für Geschichte Osteuropas* 33, S. 48-91.

Lepsius, Rainer (2004): „Prozesse der europäischen Identitätsstiftung". URL: http://www.bpb.de/publikationen/5K1WX9,0,0,Prozesse_der_europ% E4ischen_Identit%E4tsstiftung.html [Stand: 25.02.2006].

Lewis, Martin / Wigen, Kären (1997): *The Myth of Continents. A Critique of Metageography.* Berkeley/Ca [u.a.].

Lindner, Rolf (2002): „Konjunktur und Krise des Kulturkonzepts". In: Musner, Lutz / Wunberg, Gotthart (Hg.)(2002): *Kulturwissenschaften. Forschung – Praxis – Positionen.* Wien. S. 69-87.

Löfgren, Orvar (1996): „Linking the Local, the National and the Global. Past and Present Trends in European Ethnology". In: *Ethnologia Europaea* 26, S. 157-168.

Löwenthal, Richard (1985): „Die Gemeinsamkeiten des geteilten Europa". In: Weidenfeld, Werner (Hg.)(1985): *Die Identität Europas.* München [u.a.]. S. 43-65.

Lutz, Gerhard (1970): „Deutsche Volkskunde und europäische Ethnologie. Zur Wissenschaftsgeschichte der 50er Jahre". In: *Ethnologia Europaea* 4, S. 26-32.

Lutz, Gerhard (1982): „Die Entstehung der Ethnologie und das spätere Nebeneinander der Fächer Volkskunde und Völkerkunde in Deutschland". In: Nixdorff, Heike / Hauschild, Thomas (Hg.)(1982): *Europäische Ethnologie. Theorie- und Methodendiskussion aus ethnologischer und volkskundlicher Sicht.* S. 29-46.

Masaryk, Tomáš Garrigue (1920): *Nová Evropa. Stanovisko slovanské.* Praha. [Orig.: 1918].

Matejka, Ladislav (1990): „Milan Kundera's Central Europe". In: *Cross Currents* 9, S. 127-134.

Matter, Max (1995): „Das Eigene und das Fremde. Gedanken zur Volkskunde als Europäische Ethnologie". In: Kuntz, Andreas (Hg.)(1995*): Lokale und biographische Erfahrungen. Studien zur Volkskunde „Gast am Gabelmann".* Münster [u.a.]. S. 271-283.

Meisen, Karl (1952): „Europäische Volkskunde als Forschungsaufgabe". In: *Rheinisches Jahrbuch für Volkskunde* 3, S. 7-40.

Merkel, Angela (2008): „Breite Unterstützung für Mittelmeerunion“.
URL: http://www.bundeskanzlerin.de/Content/DE/Artikel/2008/03/2008-03-
14-vorlage-europaeischer-rat.html [Stand: 24.03.2008].

Mettke, Jörg (2006): „Bär mit Balalaika“.
URL: http://www.spiegel.de/spiegel/0,1518,392976,00.html
[Stand: 02.01.2006].

Meyer, Henry Cord (1946): „Mitteleuropa in German Political Geography“. In:
Annals of the Association of American Geographers 36, S. 178-194.

Meyer, Henry Cord (1955): Mitteleuropa in German Thought and Action 1815-
1945 (= International Scholars Forum 4). The Hague.

Mikkeli, Heikki (1998): Europe as an Idea and an Identity. Basingstoke/Hamp-
shire [u.a.].

Naumann, Friedrich (1915): Mitteleuropa. Berlin.

Neumann, Iver (1998): „European Identity, EU Expansion, and the Integra-
tion/Exclusion Nexus“. In: Alternatives 23, S. 397-416.

Neumann, Iver (1999): Uses of the Other. „The East“ in European Identity
Formation. Manchester.

Niedermüller, Peter (2002): „Europäische Ethnologie. Deutungen, Optionen,
Alternativen“. In: Köstlin, Konrad / Niedermüller, Peter / Nikitsch, Herbert
(Hg.)(2002): Die Wende als Wende? Orientierungen Europäischer Ethnologen nach 1989 (= Veröffentlichungen des Instituts für Europäische Ethnologie der Universität Wien 23). Wien. S. 27-62.

Niethammer, Lutz (2000): Kollektive Identität. Heimliche Quellen einer un-
heimlichen Konjunktur. Reinbek.

Nolte, Hans-Heinrich (1998): Kleine Geschichte Rußlands. Stuttgart. [Überar-
beitete und erweiterte Neuausgabe des Orig.: Nolte, Hans-Heinrich (1991):
Rußland/UdSSR. Geschichte. Politik. Wirtschaft. Hannover].

Okey, Robin (1992): „Central Europe/Eastern Europe. Behind the Definitions“.
In: Past & Present 137, S. 102-133.

Papcke, Sven (1992): „Who Needs European Identity and what Could it Be?“.
In: Nelson, Brian / Roberts, David / Veit, Walter (Hg.)(1992): The Idea of
Europe. Problems of National and Transnational Identity. New York [u.a.].
S. 61-74.

Parker, W. H. (1960): „Europe. How far?“. In: Geographical Journal 126,
S. 278-297.

Philipps, Sören (2008): „Mitteleuropa – Origins and Pertinence of a Political
Concept“.
URL: http://www.essex.ac.uk/ecpr/events/graduateconference/barcelona/
papers/681.pdf [Stand: 18.08.2009].

Piccolomini, Enea Silvio (1963): „Rede auf dem Reichstag zu Frankfurt". [Orig.: 1454]. In: Foerster, Rolf Hellmut (Hg.)(1963): *Die Idee Europa 1300-1946. Quellen zur Geschichte der politischen Einigung.* München. S. 40-42.

Poehls, Kerstin / Vonderau, Asta (2006): „Turn to Europe. Kulturanthropologische Europaforschungen". In: Poehls, Kerstin / Vonderau, Asta (Hg.) (2006): *Turn to Europe. Kulturanthropologische Europaforschungen* (= Berliner Blätter 41). Münster [u.a.]. S. 7-9.

Ringmar, Erik (1996): *Identity, Interest and Action. A cultural explanation of Sweden's Intervention in the Thirty Years War.* Cambridge [u.a.].

Roth, Klaus (1996): „Europäische Ethnologie und Interkulturelle Kommunikation". In: Roth, Klaus (Hg.)(1996): *Mit der Differenz leben. Europäische Ethnologie und Interkulturelle Kommunikation* (= Münchener Beiträge zur Interkulturellen Kommunikation 1). Münster [u.a.]. S. 11-27.

Roth, Klaus (1999): „Zwischen Volkskunde und Völkerkunde. Europäische Ethnologie und Interkulturelle Kommunikation". In: Giordano, Christian / Rolshoven, Johanna (Hg.)(1999): *Europäische Ethnologie – Ethnologie Europas. Ethnologie européenne – Ethnologie de l'Europe* (= Studia Ethnographica Friburgensia 22). Freiburg, Schweiz. S. 31-44.

Rousseau, Jean-Jacques (1943): *Du contrat social. Texte original publié avec introduction, notes et commentaire par Maurice Halbwachs.* Réimpression photomécanique. Aubier. [Orig.: Rousseau, Jean-Jacques (1762): *Du contract social ou principes du droit politique.* Amsterdam.].

Rumpf, Helmut (1942): „Mitteleuropa. Zur Geschichte und Deutung eines politischen Begriffs". In: *Historische Zeitschrift* 165, S. 510-527.

Said, Edward (2003): *Orientalism.* Reprinted with a new Preface. London. [Orig.: 1978].

Scherrer, Jutta (2001): „Russland im Spannungsfeld zwischen Ost und West. Selbst- und Fremdbilder". In: Holtmann, Dieter / Riemer, Peter (Hg.)(2001): *Europa. Einheit und Vielfalt. Eine interdisziplinäre Betrachtung* (= Region – Nation – Europa 10). Münster [u.a.]. S. 213-236.

Schenk, Frithjof Benjamin (2002): „Mental Maps. Die Konstruktion von geographischen Räumen in Europa seit der Aufklärung". In: *Geschichte und Gesellschaft* 28, S. 493-514.

Schippers, Thomas K. (1999): „The Border as a Cultural Idea in Europe". In: *Ethnologia Europaea* 29/2, S. 25-30.

Schlögel, Karl (1990): „Mitteleuropa. Utopie und Realität". In: Truger, Arno / Macho, Thomas H. (Hg.)(1990): *Mitteleuropäische Perspektiven.* Wien. S. 3-15.

Schlögel, Karl (2002a): „Die Mitte liegt ostwärts. Die Deutschen, der verlorene Osten und Mitteleuropa". [Orig.: 1986]. In: Schlögel, Karl (2002): *Die Mitte liegt ostwärts. Europa im Übergang* (= Schriftenreihe Bundeszentrale für politische Bildung 379). München [u.a.]. S. 14-64.

Schlögel, Karl (2002b): „Remapping Europe. Von Brüssel nach Prag". In: Schlögel, Karl (2002): *Die Mitte liegt ostwärts. Europa im Übergang* (= Schriftenreihe Bundeszentrale für politische Bildung 379). München [u.a.]. S. 248-252.

Schmidt, Helmut (2000): „Wer nicht zu Europa gehört". URL: http://www.zeit.de/2000/41/Wer_nicht_zu_Europa_gehoert?page=all [Stand: 03.12.2005].

Schmidt-Lauber, Brigitta (1996): „„Wir sind doch Europäer'. Feldforschung in Namibia zur Konstruktion deutscher Identität". In: Kokot, Waltraud / Dracklé, Dorle (Hg.)(1996): *Ethnologie Europas. Grenzen, Konflikte, Identitäten*. Berlin. S. 315-333.

Schmitt, Carl (2002): *Der Begriff des Politischen. Text von 1932 mit einem Vorwort und drei Corollarien*. 7. Auflage, 5. Nachdruck der Ausgabe von 1963. Berlin.

Schriewer, Klaus (2004): „Herausforderung Europa. Kulturwissenschaftlich-volkskundliche Theoriebildung im Lichte der europäischen Integration". In: *Zeitschrift für Volkskunde* 100, S. 31-53.

Schultz, Hans-Dietrich (1997): „Räume sind nicht, Räume werden gemacht. Zur Genese ‚Mitteleuropas' in der deutschen Geographie". In: *Europa Regional* 5/1, S. 2-14.

Schultz, Hans-Dietrich (2002): „Raumkonstrukte der klassischen deutschsprachigen Geographie des 19./20. Jahrhunderts im Kontext ihrer Zeit". In: *Geschichte und Gesellschaft* 28, S. 343-377.

Schultz, Hans-Dietrich (2003): „Welches Europa soll es denn sein? Anregungen für den Geographieunterricht". In: *Internationale Schulbuchforschung* 25, S. 223-256.

Schwab, Raymond (1984): *The Oriental Renaissance. Europe's Rediscovery of India and the East 1680-1880*. New York. [Orig.: Schwab, Raymond (1950): *La Renaissance orientale*. Paris].

Shore, Cris (1993): „Inventing the People's Europe. Critical Approaches to European Community ‚Cultural Policy'". In: *Man* (N.S.) 28, S. 779-800.

Shore, Cris (1999): „Inventing Homo Europaeus. The Cultural Politics of European Integration". In: *Ethnologia Europaea* 29/2, S. 53-66.

Shore, Cris / Black, Annabel (1994): „Citizens' Europe and the Construction of European Identity". In: Goddard, Victoria A. / Llobera, Josep R. / Shore, Cris (Hg.)(1994): *The Anthropology of Europe. Identity and Boundaries in Conflict*. Oxford [u.a.]. S. 275-298.

Simmel, Georg (1968): *Soziologie. Untersuchungen über die Formen der Vergesellschaftung*. 5. Auflage. Berlin. [Orig.: 1908].

Simon, Gerhard (1999): „Rußland und die Grenzen Europas". In: *Osteuropa* 49, S. 1091-1107.

Smith, Anthony (1992): „National Identity and the Idea of European Unity". In: *International Affairs* 68, S. 55-76.

Srbik, Heinrich von (1937): *Mitteleuropa. Das Problem und die Versuche seiner Lösung in der deutschen Geschichte*. Weimar.

Stasiuk, Andrzej (2004): „Logbuch". In: Andruchowytsch, Juri / Stasiuk, Andrzej (2004): *Mein Europa. Zwei Essays über das sogenannte Mitteleuropa*. Frankfurt a. M. S. 75-145. [Orig.: Stasiuk, Andrzej (2000): „Dziennik okrętowy". In: Andruchovyč, Jurij / Stasiuk, Andrzej (2000): *Moja Evropa. Dwa eseje o Evropie zwanej Środkowa*. Wołowiec].

Steiner, George (2005): „Café Europa". In: *Cicero* 9/2005, S. 128-135.

Stråth, Bo (2008): „Europe and the Other and Europe as the Other". In: Baberowski, Jörg / Kaelble, Hartmut / Schriewer, Jürgen (Hg.)(2008): *Selbstbilder und Fremdbilder. Repräsentationen sozialer Ordnungen im Wandel* (= Eigene und fremde Welten 1). Frankfurt [u.a.]. S. 191-202.

Szűcs, Jenő (1983): „The Three Historical Regions of Europe. An Outline". In: *Acta Historica Academiae Scientiarum Hungaricae* 29, S. 131-184. [Orig.: Szűcs, Jenő (1981): „Vázlat Európa három történeti régiójáról". In: *Történelmi Szemle* 24, S. 313-359].

Tatiščev, Vasilij Nikitič (1979): „Leksikon rossijskoj istoričeskoj, geografičeskoj, političeskoj i graždanskoj". [Orig.: ca. 1745-1750]. In: *Izbrannoe proizvedenija. Pod obščej redakciej S.N. Valka*. Leningrad. S. 153-360. [Татищев, Василий Никитич (1979): „Лексикон российской исторической, географической, политической и гражданской". In: Татищев, Василий Никитич (1979): *Избранное произведения. Под общей редакцией С.Н. Валка*. Ленинград].

Tocqueville, Alexis de (1951): „De la démocratie en Amérique". [Orig.: 1835]. In: Tocqueville, Alexis de (1951): *Œuvres, papiers et correspondances d'Alexis de Tocqueville. Édition définitive publiée sous la direction de J.-P. Mayer*. Tome I/1. 10ᵉ Édition. [Paris].

Todorov, Tzvetan (1982): *La conquête de l'Amérique. La question de l'autre*. Paris.

Todorov, Tzvetan (1984): *Mikhail Bakhtin. The Dialogical Principle* (= Theory and History of Literature 13). Minneapolis. [Orig.: Todorov, Tzvetan (1981): *Mikhaïl Bakhtine. Le principe dialogique suivi de Écrits du Cercle de Bakhtine*. Paris].

Todorova, Maria (1997): *Imagining the Balkans*. New York [u.a.].

Toynbee, Arnold (1954): *A Study of History vol. 8*. London [u.a.].

Troebst, Stefan (2003): „What's in a Historical Region? A Teutonic Perspective". In: Troebst, Stefan (Hg.)(2003): *Geschichtsregionen. Concept and Cri-

152 MARCEL VIËTOR

tique (= Themenheft von European Review of History/Revue européenne d'histoire 10). Milton Park. S. 173-188.

Troebst, Stefan (2005): „Was ist eine Geschichtsregion?". Vortrag gehalten am 28.10.2005 auf der Konferenz „Ostmitteleuropa als geschichtsregionale Konstruktion" in Leipzig.

Ventura (2004): „Presseheft ,Die Mitte'. Synopsis".
URL: http://www.ventura-film.de/pdf/PressehefftMitte.pdf
[Stand: 19.04.2006].

Verheugen, Günther (2004): „Die Zukunft heißt Europa". In: Osteuropa 54/4, S. 3-13.

Viëtor, Marcel (2004): „Osteuropa – eine Art nach Europa zu fragen". In: VOKUS. Volkskundlich-Kulturwissenschaftliche Schriften 14, S. 103-120.

Viëtor, Marcel (2007): „Mitteleuropa und die Anerkennung ,europäischer Identität'. Wegweiser für die Ukraine?". In: Fleischhack, Julia (Hg.): Ostwärts. Ethnographische Erkundungen in der Ukraine (= VOKUS. Volkskundlich-Kulturwissenschaftliche Schriften 17/2), S. 95-114.

Voltaire (1760): „Le Russe à Paris. Petit poème en vers alexandrins, composé à Paris, au mois de mai 1760, par M. Ivan Alethof, secrétaire de l'ambassade russe".
URL: http://www.voltaire-integral.com/Html/10/26_Russe.html
[Stand: 09.03.2006].

Weidenfeld, Werner (1985): „Europa – aber wo liegt es?". In: Weidenfeld, Werner (Hg.)(1985): Die Identität Europas. München [u.a.]. S. 13-41.

Weidenfeld, Werner (2004): „Europa – aber wo liegt es?". In: Weidenfeld, Werner (Hg.)(2004): Europa-Handbuch Bd. 1. Die Europäische Union. Politisches System und Politikbereiche. 3., aktualisierte und überarbeitete Auflage. Gütersloh. S. 15-48. [Orig.: 1999].

Wiederkehr, Stefan (2007): Die eurasische Bewegung. Wissenschaft und Politik in der russischen Emigration der Zwischenkriegszeit und im postsowjetischen Russland (= Beiträge zur Geschichte Osteuropas 39). Köln [u.a.].

Wikipedia (2009): „Christentum".
URL: http://de.wikipedia.org/wiki/Christentum#Christentum_weltweit_in_Zahlen_.282000.29 [Stand: 01.09.2009].

Wirsing, Giselher (1932): Zwischeneuropa und die deutsche Zukunft. Jena.

Wolff, Larry (1994): Inventing Eastern Europe. The Map of Civilization on the Mind of the Enlightenment. Stanford/Ca.

Zekri, Sonja (2004): „Wo wir sind, ist Westen". In: Süddeutsche Zeitung 130/2004, S. 12.

Zernack, Klaus (1977): Osteuropa. Eine Einführung in seine Geschichte. München.

SOVIET AND POST-SOVIET POLITICS AND SOCIETY

Edited by Dr. Andreas Umland

ISSN 1614-3515

Quotes from reviews of SPPS volumes:

On vol. 1 – *The Implementation of the ECHR in Russia*: "Full of examples, experiences and valuable observations which could provide the basis for new strategies."

Diana Schmidt, *Neprikosnovennyi zapas*

On vol. 2 – *Putins Russland*: "Wipperfürth draws attention to little known facts. For instance, the Russians have still more positive feelings towards Germany than to any other non-Slavic country."

Oldag Kaspar, *Süddeutsche Zeitung*

On vol. 3 – *Die Übernahme internationalen Rechts in die russische Rechtsordnung*: "Hussner's is an interesting, detailed and, at the same time, focused study which deals with all relevant aspects and contains insights into contemporary Russian legal thought."

Herbert Küpper, *Jahrbuch für Ostrecht*

On vol. 5 – *Квадратные метры, определяющие сознание*: "Meerovich provides a study that will be of considerable value to housing specialists and policy analysts."

Christina Varga-Harris, *Slavic Review*

On vol. 6 – *New Directions in Russian International Studies*: "A helpful step in the direction of an overdue dialogue between Western and Russian IR scholarly communities."

Diana Schmidt, *Europe-Asia Studies*

On vol. 8 – *Nation-Building and Minority Politics in Post-Socialist States:* "Galbreath's book is an admirable and craftsmanlike piece of work, and should be read by all specialists interested in the Baltic area."

Andrejs Plakans, *Slavic Review*

On vol. 9 – *Народы Кавказа в Вооружённых силах СССР:* "In this superb new book, Bezugolnyi skillfully fashions an accurate and candid record of how and why the Soviet Union mobilized and employed the various ethnic groups in the Caucasus region in the Red Army's World War II effort."

David J. Glantz, *Journal of Slavic Military Studies*

On vol. 10 – *Русское Национальное Единство*: "A work that is likely to remain the definitive study of the Russian National Unity for a very long time."

Mischa Gabowitsch, *e-Extreme*

On vol. 14 – *Aleksandr Solzhenitsyn and the Modern Russo-Jewish Question*: "Larson has written a well-balanced survey of Solzhenitsyn's writings on Russian-Jewish relations."

Nikolai Butkevich, *e-Extreme*

On vol. 16 – *Der russische "Sonderweg"?:* "Luks's remarkable knowledge of the history of this wide territory from the Elbe to the Pacific Ocean and his life experience give his observations a particular sharpness and his judgements an exceptional weight."

Peter Krupnikow, *Mitteilungen aus dem baltischen Leben*

On vol. 17 – *История «Мёртвой воды»*: "Moroz provides one of the best available surveys of Russian neo-paganism."

Mischa Gabowitsch, *e-Extreme*

On vol. 18 – *Этническая и религиозная интолерантность в российских СМИ:* "A constructive contribution to a crucial debate about media-endorsed intolerance which has once again flared up in Russia."

Mischa Gabowitsch, *e-Extreme*

On vol. 25 – *The Ghosts in Our Classroom:* "Inan-Freyberg's well-researched and incisive monograph, balanced and informed about Romanian education in general, should be required reading for those Eurocrats who have shaped Romanian spending priorities since 2000."

Tom Gallagher, *Slavic Review*

On vol. 26 – *The 2002 Dubrovka and 2004 Beslan Hostage Crises:* "Dunlop's analysis will help to draw Western attention to the plight of those who have suffered by these terrorist acts, and the importance, for all Russians, of uncovering the truth of about what happened."

Amy Knight, *Times Literary Supplement*

On vol. 29 – *Zivilgesellschaftliche Einflüsse auf die Orange Revolution:* "Strasser's study constitutes an outstanding empirical analysis and well-grounded location of the subject within theory."

Heiko Pleines, *Osteuropa*

On vol. 33 – *Cleft Countries:* "Katchanovski succeeds in crafting a convincing and well-supported set of arguments and his research certainly constitutes a step forward in dealing with the notoriously thorny concept of political culture."

Thomas E. Rotnem, *Political Studies Review*

On vol. 34 – *Postsowjetische Feiern:* "Mühlfried's book contains not only a solid ethnographic study, but also points at some problems emerging from Georgia's prevalent understanding of culture."

Godula Kosack, *Anthropos*

On vol. 35 – *Fascism Past and Present, West and East*: "Committed students will find much of interest in these sometimes barbed exchanges."

Robert Paxton, *Journal of Global History*

On vol. 37 – *Political Anti-Semitism in Post-Soviet Russia*: "Likhachev's book serves as a reliable compendium and a good starting point for future research on post-Soviet xenophobia and ultra-nationalist politics, with their accompanying anti-Semitism."

Kathleen Mikkelson, *Demokratizatsiya*

On vol. 39 – *Российский консерватизм и реформа 1907-1914*: "Luk'ianov's work is a well-researched, informative and valuable addition, and enhances our understanding of politics in late imperial Russia."

Matthew Rendle, *Revolutionary Russia*

On vol. 43 – *Verflechtungen der deutschen und russischen Zeitgeschichte:* "Khavkin's book should be of interest to everybody studying German-Soviet relations and highlights new aspects in that field."

Wiebke Bachmann, *Osteuropa*

On vol. 50 – *Современные интерпретации русского национализма*: "This thought-provoking and enlightening set of works offers valuable insights for anyone interested in understanding existing expressions and interpretations of Russian nationalism."

Andrew Konitzer, *The Russian Review*

On vol. 57 – *Russland und seine GUS-Nachbarn*: "Wipperfürth's enlightening and objective analysis documents detailed background knowledge and understanding of complex relationships. "

Julia Schatte, *Eurasisches Magazin*

On vol. 59 – *Das sakrale eurasische Imperium des Aleksandr Dugin*: "Höllwerth's outstanding 700-page dissertation is certainly the, so far, most ambitious attempt to decipher Dugin's body of thought."

Tanja Fichtner, *Osteuropa*

On vol. 80 – *Nation, Region and History in Post-Communist Transition*: "Rodgers provides with his analysis an important contribution to a specific view on Ukraine."

Marinke Gindullis, *Zeitschrift für Politikwissenschaft*

Series Subscription

Please enter my subscription to the series *Soviet and Post-Soviet Politics and Society*, ISSN 1614-3515, as follows:

❒ complete series   OR   ❒ English-language titles
                                      ❒ German-language titles
                                      ❒ Russian-language titles

starting with
❒ volume # 1
❒ volume # ___
    ❒ please also include the following volumes: #___, ___, ___, ___, ___, ___, ___
❒ the next volume being published
    ❒ please also include the following volumes: #___, ___, ___, ___, ___, ___, ___

❒ 1 copy per volume   OR   ❒ ___ copies per volume

Subscription within Germany:

You will receive every volume at 1st publication at the regular bookseller's price – incl. s & h and VAT.
Payment:
❒ Please bill me for every volume.
❒ Lastschriftverfahren: Ich/wir ermächtige(n) Sie hiermit widerruflich, den Rechnungsbetrag je Band von meinem/unserem folgendem Konto einzuziehen.

Kontoinhaber: _____Kreditinstitut: _____
Kontonummer: _____Bankleitzahl:_____

International Subscription:

Payment (incl. s & h and VAT) in advance for
❒ 10 volumes/copies (€ 319.80) ❒ 20 volumes/copies (€ 599.80)
❒ 40 volumes/copies (€ 1,099.80)
Please send my books to:

NAME_____DEPARTMENT_____
ADDRESS _____
POST/ZIP CODE_____COUNTRY _____
TELEPHONE _____EMAIL_____

date/signature_____

A hint for librarians in the former Soviet Union: Your academic library might be eligible to receive free-of-cost scholarly literature from Germany via the German Research Foundation. For Russian-language information on this program, see
     http://www.dfg.de/forschungsfoerderung/formulare/download/12_54.pdf.

Please fax to: **0511 / 262 2201 (+49 511 262 2201)**
or mail to: *ibidem*-Verlag, Julius-Leber-Weg 11, D-30457 Hannover,Germany
or send an e-mail: ibidem@ibidem-verlag.de

ibidem-Verlag

Melchiorstr. 15

D-70439 Stuttgart

info@ibidem-verlag.de

www.ibidem-verlag.de
www.ibidem.eu
www.edition-noema.de
www.autorenbetreuung.de